本田宗一郎 夢を力に

私の履歴書

本田宗一郎

日経ビジネス人文庫

はじめに

本田宗一郎（ほんだ・そういちろう　一九〇六―一九九一年）　自動車技術者。ホンダ（本田技研工業）創業者。静岡県生まれ。尋常高等小学校卒業後、東京・本郷の自動車修理工場で丁稚奉公。浜松で自動車修理業として成功するがメーカーを志し、エンジンやピストンリングの研究を始める。終戦後、本田技術研究所を個人創業し、自転車に小型エンジンを載せた通称「バタバタ」を発売。一九四八年、本田技研工業（ホンダ）創立。オートバイ「ドリーム号」、「スーパーカブ号」などを次々に開発・発売し、二輪車では世界のトップメーカーとなった。四輪車にも進出、欧米でいち早く現地生産を開始。排気ガスを抑えたＣＶＣＣエンジンを開発した。一九七三年、社長を退く。

＊

「ＨＯＮＤＡ」マークの付いた自動車やオートバイは知っていても本田宗一郎を知らない読者のために、その略歴を記せばこんなことになろうか。

本田宗一郎は戦後の日本が生んだ、まぎれもなきビジネスヒーローである。世界ブランドになった「ＨＯＮＤＡ」のクルマ、オートバイはもとより、いま話題の二足歩行ロボット「ＡＳＩＭＯ（アシモ）」も、自動車レースのＦ１（フォーミュラ・ワン）ブームも、本田宗一郎がいなければ生まれていなかっただろう。

本田宗一郎は、近代にまで範囲を広げても、日本を代表する経営者としてその名を残した。日本経済新聞社が二〇〇〇年末に実施した「二十世紀　日本の経済人」人気ランキング調査では、「経営の神様」松下幸之助（松下電器産業創業者）に次いで堂々の二位に選ばれている。

人気の秘密は、一介の自動車修理工からオートバイ製造にのりだし、さらに巨大自動車メーカーを一代で築き上げた事業家としての成功物語にあるだけではない。略歴の裏には幾多のすこぶる人間的なドラマがあり、それが人々の共感を呼ぶのだ。

モノづくりに賭ける男の天才と狂気、少年時代からの夢を絶やさず追いつづける創造性とロマン、その夢に寄り添い、事業というカタチに変える女房役、天才に追いつき、追い越そうと努力する若い後輩たち……。

それだけではない。実用性と創造性を調和させる創意工夫、物まねを嫌って独創技術を追究する挑戦心、時代のニーズと大衆の欲求を先取りする先見性、良品に国境なしと世界を相手にしたグローバリズム、官の統制や指導・規制に抗してわが道を行く自主独立精神、自分のために働けと説くヒューマニズム、安全や環境を重視する公共的道義心、目標を示して若手に権限をゆだねるリーダーシップ、公私を厳しく区別する経営者倫理……。日本の企業社会が抱える古くて新しい課題を、本田宗一郎とその仲間たちは軽やかにクリアしたのだ。

そして、何よりも本田という人物の個性が魅力的である。根アカで純情。夢を一途に追いかけ、打算抜きで勝負する。失敗してもくじけることなく、笑顔とユーモアを忘れない。

「惚れて通えば千里も一里」――好きなことにとことん打ち込む。これが、本田の生涯を貫く縦糸であり、本田イズムの原点である。

ドライな合理精神とウエットな義理人情が矛盾なく同居するところに独特の魅力がある。得難い個性は、前半生を振り返った「私の履歴書」からも生き生きと伝わってくる。その足取りは、戦争を体験し、廃墟から高度経済成長までの復興期を力強く駆け抜けた日本人のたくましさとも共振する。

本書は、本田宗一郎が昭和三十七年（一九六二年）八月に日本経済新聞に連載した「私の履歴書」と、社内報などに寄せた文章を載録した。これらに加え、その後の社長在任中に手がけた大きな事業、現役引退後の足取りをたどる。「私の履歴書」連載の後、社長在任時代を飾るヤマ場は六つ。まず、四輪乗用車への進出、次にＦ１への挑戦、さらに軽自動車市場の制覇、小型乗用車との苦闘、低公害エンジンの開発、そして引退劇である。

さらに本書は、パートナーとして二十五年間、本田と共に歩みホンダを立ち上げ、経営を支えた藤澤武夫の経営思想と行動を紹介する。藤澤は「女房役」として財務、販売、組織管理、海外展開などの経営実務全般を実質的に仕切った人物で、藤澤の動きを通して本田宗一郎という人物とその時代がより立体的に見えてくる。

本田が没して十五年。その間、日本はバブルが崩壊し、繁栄を支えた諸々の制度やシステムが機能不全を起こした。人々は閉塞感に覆われ、「失われた十年」を取り戻すことができぬまま二十一世紀を迎えた。本田が生きた頃と現在とでは、時代環境は一変した。しかし、企業経営やビジネスマンの生き方に問われる課題は変わっていない。海図の見えない今こそ、夢を力にして駆け抜けた本田宗一郎の生き方や考え方はますます新鮮である。なお、肩書は当時のものを使い、本文も含め敬称は略した。

二〇〇六年六月

編著者　名和　修（日本経済新聞社編集委員）

目次

第二部　履歴書その後（一九六二年―一九九一年）　105

第三部　本田宗一郎語録

第一部　私の履歴書

1　浜松在の鍛冶屋に生まれる

私は明治三十九年（一九〇六年）、浜松市の在、静岡県磐田郡光明村（現在天龍市）で生まれた。父儀平は鍛冶屋《かじや》、私はその長男で、いわばふいごとトンテンカンの槌《つち》の音とともに育ったわけである。おじいさんの代には百姓をしていたが、おやじの代になって鍛冶屋をはじめ、家は貧乏だった。それで、よく妹を背におんぶして学校に行ったり、ふいごを押して父の手伝いをした。物心がつくかつかぬかで、くず鉄を折り曲げては何かわけのわからぬものを作って喜んでいた私だけに、トンテントンテンやって農具を作ったり修理する仕事はむしろ好きでもあった。

学校へ行くようになる前から、私は機械いじりやエンジンには興味をもっていた。私の家から四キロほど離れたところに精米屋があって、そのころとしては珍しい発動機が動いていた。私はおじいさんに背負われてその精米屋によく連れてってもらったが、発動機のドンスカドンスカという音と、石油の一種独特のにおいをもった青い煙がたいへん魅力的だった。そこからさらに一キロほど離れて製材屋があり、そこではノコが勢いよくブーンとうなりを立てて回っていたが、私はそれを見るのがたまらなく好きだった。なにしろ機械の動くのを見てさえいれば、しごくごきげんなのだった。

だから小学校（山東《やまひがし》小学校）時代にも、理科は五年までの植物や昆虫は苦手だったが、六年になって電池とか天秤とか試験管、機械などが顔を出すようになってからは好きだった。もっともその理科も、頭ではよくわかり、先生に聞かれれば答えられるのだが、いざ試験となるとさっぱりだった。というのも、習字や読み方がきらいで、字を書くのがめんどうくさかったからである。とにかく手先は器用な方で、物を造らせられればだれにも負けない自信があったが、字ではうまく表現できない。つづり方や書き方がいやでいやで、その時間になると教室を抜け出し、裏山の木の上に登って空でもながめていることの方が多かった。これはいまも同じで本を読んでもスムーズに頭にはいってこないが、テレビだと耳と目の両方からきわめて能率的に頭にはいる。

私が子供のころ、私どもの村にはじめて電灯がついた。そのとき私はペンチとドライバーを腰にした電気工夫が電柱に上っていろいろワイヤーをひねっている姿を見ていたく感激した。この姿が大げさに言えば英雄の姿にも見え、たいへん魅力的で家に帰っても忘れられなかった。そこで、いろりのソバにすわっているおじさんの肩に上って電気工夫よろしく、ハゲ頭の薄い毛をひねって「オレは電気工夫だ」といって得意になり、はしゃぎ回った。

小学校の二、三年のころ、ある日学校から家に帰ろうと道を急いでいると、私の村に自動車が来たという話を耳にした。私は何もかも忘れてすっ飛んで行った。例のホロつきのやつで、村のせまい道をノロノロ走っていた。子供の私の足でもすぐ追いついて、自動車のうしろにつかまってしばらく走った。初めて見る自動車。それは感激の一語だった。停車すると油がしたたり落ちる。この油のにおいがなんともいえなかった。私は鼻を地面にくっつけ、クンクンと犬よろしくかいだり、手にその油をこってりとまぶして、オイルのにおいを胸いっぱい吸いこんだ。そして僕もいつかは自動車を作ってみたいな、と子供心にもあこがれた。そういうことがあってから、隣の町にちょいちょい自動車がやって来るようになり、私はそのたびに学校から帰るやいなや、妹を背に子守りをしながらいつもそれを見に行った。

大正三年（一九一四年）の秋、私が小学校二年のときだった。約二十キロほど離れた浜松の歩兵連隊に飛行機が来て飛んでみせるという話を聞いた。私はそれまで飛行機というものを絵では見ていたが、実物はまだ見たことがなかった。なんとかして見たいものといろいろ考えたすえ、父にせがんだところでどうせ許してもらえないと思った私は、その数日前、家族の目を盗んで「金二銭也」をせしめ、軍資金を準備した。

いよいよその当日、私は何くわぬ顔で父の自転車を持ち出し、浜松に向かって一気にペダルを踏んだ。もちろん学校はサボったのである。だが小学校二年の私に、おとなの自転車は大きすぎた。しりがサドルに乗らない。そこで片足を三角に突っ込み、いわゆる三角乗りというやつで夢中でペダルを踏みつづけた。やっと連隊が目の前に見えたとき、私は胸のときめきをどうにもしようがなかった。

だが、その喜びもつかの間だった。練兵場にはへいが張りめぐらされ、たしか十銭ぐらいの入場料をとっていた。二銭しか持たない私は自転車をかかえてしょう然とした。せっかく来たのだ。なんとか見たい。ふと目についた松の木に私はスルスルと登った。下から見つかっておろされたらおしまいだと思って、枝を折って下の方をかくした。

こうして私は目的を達した。やや遠目ではあったが、私はここで初めて飛行機というものを実際に見、ナイルス・スミス号の飛行ぶりに感激した。帰途の三角乗りペダルは軽かった。スミス号の飛行士がハンチングのツバを後方に回して飛行眼鏡をかけた勇姿を思い出しながら、私はいつのまにか学帽のツバを後ろ向きにしていた。

家に帰ったらきっとどなられるに違いないと覚悟していたが、初め怒っていた父は、私がこうやって飛行機を見て来たと話すと「お前、ほんとうに飛行機を見て来たのか……」と父自身感激してしまった。その後、私は父に鳥打ち帽をせがんでもらい受け、ボール紙で飛行眼鏡を作り、竹製のプロペラを自転車の前にとりつけた。そして鳥打ち帽を後ろ向きにかぶり、スミス号の飛行士を気取って得意になってその自転車を乗り回した。

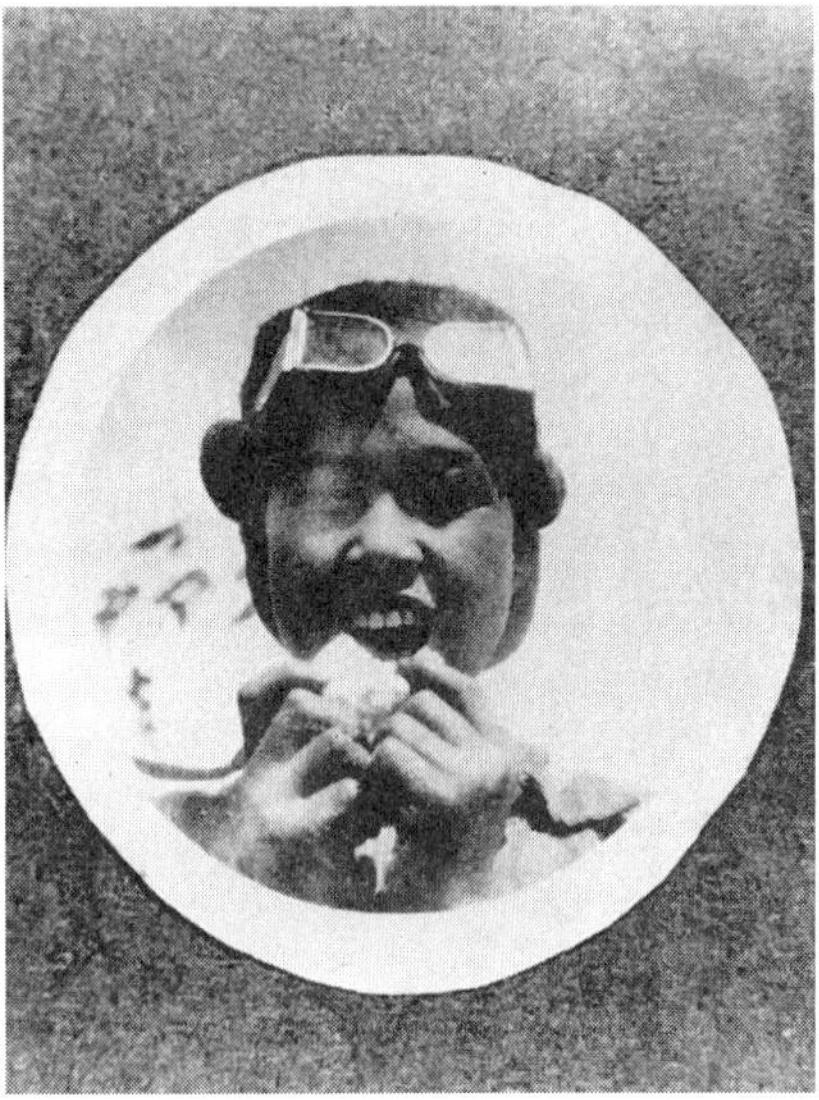

飛行眼鏡をかけ、スミス号の飛行士に憧れる。大正3年（1914年）。

機械にあこがれ、エンジンに魅せられた私ではあったが、前述のように字に弱い私の通信簿の成績はあまりかんばしくなかった。その代わり、腕白小僧、いたずら小僧の名にかけては人後に落ちなかった。

　私どもの小学校の裏山にすいか畑があり、よくそこに忍び込みにいった。すいかに穴をあけ、中身だけはきれいに食べてしまい、あとは穴の方を下に伏せておいて逃げてくるという戦法である。しかし、ときには校長に見つかって大目玉を食ったこともあった。

　また、学校の近くに清海寺というお寺があって、飯の時間は村中がそこの鐘の音を標準にしていた。ある日、私は学校をサボって裏山で遊び歩いた結果、腹が減ってたまらない。そこで、そっとお寺に近づき鐘楼《しょうろう》に上って、その鐘をゴーンと、正午の時報を打ち出した。それで学校はじめ村中の時計が私の腹時計に合わせて早くなり、私は家にとんで帰って昼飯にありついた。これも私のしわざとわかり、あとはさんざんだった。そのほか、学校で飼っていた赤い金魚にエナメルを塗って青い金魚にしてしまったり、家に帰れば帰ったで、隣家の石屋さんが作っていた地蔵の鼻の形が気にくわないといって、父の仕事場からソッと金づちを持ち出て、地蔵の顔の彫りをなおそうとコツコツやっているうちに石地蔵の大事な鼻をあっと思うまにポロリと欠き落としてしまったりした。

　だが、そんな腕白ッ子の私にも、苦しかったこと、くやしかったことがあった。

私の家は貧乏だったので、着物もそう買ってもらえるわけがない。だからソデロはこすった鼻が固まって合成樹脂のようにコチコチになっていた。隣の家は金持ちで、五月の節句になるといつも弁慶とか義経の武者人形を飾るので、私はそれが見たくてしかたがなかった。しかし、見に行くと「お前みたいなきたない子は来ちゃいけない」と追い返された。そのときのくやしさは、いまでも忘れない。金がある、ないで人を差別する、なんでそうするのかと疑問を持ったことをいまだに覚えている。そんな経験を身にしみて感じとっている私は、金によって人間を差別するということは絶対に排撃する。これは現在の私の事業経営のうえでも、人間だれでも皆平等でなければならぬという考え方になって現われている。

尋常小学校三、四年のことだった。その日は天長節で、学校では式があった。おふくろはカスリの着物の上に、新しい青い色の帯をしめてくれた。私は得意になって学校へ行ったが、実はそれは母の帯だった。仲間はそれと知って「やーい、お前の帯は女の帯だ」とさんざん私をいじめた。私は泣いて家に帰った。そのとき以来、私は考えた。色に男の色と女の色の区別があるのはおかしい。人間は自分の個性でいくべきで、色とか、格好とかに左右されるべきではない。人に不愉快感を与えたり、めいわくをかけるようでは困るが、着物や色は本来自由であるべきだと思った。

いまでもその考えに変わりはなく、いま私が赤いシャツを着たり、勝手な格好をしているのも、こういう考え方からである。こういった勇気というか決断がもてなくてはいいデザインができるはずがない。デザインと芸術の違いについてはあとで述べる。

さて、私は尋常小学校をおえると、二俣の高等小学校に進んだ。そして私が高等科を卒業するころには、おやじは鍛冶屋から自転車屋に商売替えしていた。そのためか、おやじは「輪業の世界」という雑誌をとっていたので、私もよく読んでいた。あるときその雑誌の広告欄を何気なく見ていると「アート商会」という東京の自動車修理工場の求人募集広告が目についた。

2　自動車修理工場に見習奉公

私は前まえから自動車修理工場で働いてみたいという希望をもっていた。それにアート商会という名前がなんとなく、ハイカラに思えた。そこでさっそく弟子入りしたいむね手紙を出すと、間もなく「使ってやるから上京しろ」という返事が来た。待望の念願がかなって私は胸をおどらせた。長男の私を遠い東京へ手放すことには母はあまり賛成でなかったが、父はなっとくしてくれた。そして高等科を卒業すると、私はおやじに連れられ、たった一つの柳行李《やなぎごうり》をかついで浜松から汽車に乗り上京した。大正十一年（一九二二年）の春だった。

アート商会は東京の本郷湯島五丁目にあった。いなかから出て来て生まれてはじめての東京に目を見はった父と私は、ようやく目的のアート商会をさがしあてた。そこの主人榊原侑三という人に会って私のことを頼んだ父は安心してすぐいなかに帰っていった。私も満足して父を通りまで見送った。私は自動車修理工場のデッチ小僧になったのだ。

ところが、私がいだいていた夢と現実とは全く違っていた。故郷を離れ、東京の土を踏んだときは燃えるような希望に胸をふくらませていた。だが事実は、来る日も来る日も主人の赤ん坊の子守りしかさせてもらえなかった。背中がじんと暖かくなると赤ん坊のおしっこだった。すると「本田の背中にまた世界地図が書いてあるぞ」と兄弟子たちからバカにされ、からかわれた。私はデッチ小僧というものは最初はみんなこういうものなんだと観念し、歯を食いしばってがまんした。

来る日も来る日も子守り、手に握らされたものは夢に見た修理道具のスパナではなく、ぞうきんだけだった。失望と情けなさに、私は何度柳行李をまとめ、二階からロープを伝って逃げようと思ったことか。そのたびに故郷のおやじの怒る顔と、おふくろの泣く姿が目に浮かんで決意が鈍った。

こんな毎日が半年ほど続いた。アート商会は東京でも数少ない自動車修理工場の一つで、なかなか繁盛した。ある日「小僧、きょうは忙しくてしょうがないから、こっちへ来て手伝え」という主人の声がした。私は夢ではないかと自分の耳を疑った。うれしかった。大雪の降った寒い日だったが、私は寒さも忘れ、無我夢中でポタポタしずくの垂れる自動車の下にござを敷いてもぐり込んだ。ワイヤの切れたアンダーカバ

アート商会時代。関東大震災後、車の修理のため東京の焼け野原を駆け回る。大正12年（1923年）。

ーの修理だった。

これが私が初めて自動車修理をしたときで、そのときの感激は一生忘れることができない。それからというものは、多少は主人に認められはじめ、いやな子守りは少なくなって、修理工としての仕事を多くするようになった。あとで考えると、やはりあのとき子守りで半年間がんばったことがよかったのだと思う。あのときの苦労と喜びを思い出せば、どんな苦しさでもけし飛んでしまう。長い目で見れば人生にはムダがない。

デッチ奉公をはじめてから一年半ばかりたった大正十二年（一九二三年）の九月、関東大震災が発生した。そのとき私がまっさきに飛びついたのは、なんと電話だった。

電話が非常に高価なものと聞いていたので、ドライバーで電話機を取りはずし持って逃げようとしたのである。

「電話機だけ持って出てもなんにもならん。それより早く自動車を出せ。運転のできる者は一台ずつ運転して安全な場所へ運べ」と主人がどなった。地震と同時に諸方から上がった火の手はアート商会にも迫ってきた。修理工場には預かった車が何台かあった。私は内心しめたと思いながら修理中の自動車に飛び乗って街路に出た。街路は群衆でごった返していた。その間を縫ってあぶなっかしかったが、私は初めて自動車を運転した。それは私にとって何にも替えがたい喜びであり、機会であった。

震災でアート商会が焼け、主人一家と神田駅近いガード下に移転した。その隣に食料品会社の倉庫があり、私たちはそこから焼け残りのかん詰めを持って来て飽きるほど食べた。

そして暇さえあるとオートバイに乗って焼け野原の町中に出た。焼け出されていなかに帰るのに困っている人たちをサイドカーに乗せて板橋あたりまで乗せてやると、礼金をたくさんくれた。その金で農家から米を買って来たこともあった。いなかの両親にはいちおう無事でいることは知らせたが、毎日のように乗り回すオートバイがおもしろくてたまらなかった。

十五、六人いた修理工はほとんどいなかに帰り、主人一家のほかには兄でしと私の二人しか残っていなかった。主人は芝浦の工場で焼け出された多数の自動車の修理を一手に引き受けてなおしはじめた。材料も満足なものがなく、いま考えるとインチキ修理だったが、ともかくニューのように塗装を終え、体裁を整えて組み立てるとりっぱにエンジンがかかった。いちばん困ったのはスポークである。当時、自動車の車輪は皆木製のスポークを使っていたので、火事にあうと何も残らなかったのだ。

自動車運転、オートバイ散歩、修理技術をおぼえるなど、私にとってはむしろ震災さまさまだった。

3　小僧っ子から神様へ

私のアート商会時代は六年続いた。その間、悲喜こもごものいろいろな苦闘談、失敗談を残した。

私はいなか出だし、こづかい銭もたいして持ってなかったので、遊びに行くといってもせいぜい浅草ぐらいなものだった。ある休日、浅草に行こうとすると、兄弟子が「オイ、電車にただで乗せてやる。おれのあとについてこい」と言う。「電車から降りるとき、おれのあとにくっついて右手のこぶしをあげ、親指をうしろに向けてさしながら降りるんだ」というのである。浅草に着いて兄弟子が先に親指でうしろをさしながら電車から降りて行った。そのすぐあとを私も兄弟子にいわれた通りこぶしの親指を曲げて降りた。うまくいったと思った瞬間、車掌に「もし、もし」と呼び止められた。無賃乗車計画はみごとな失敗だった。それもそのはず、私のうしろからはだれも降りてこなかったのである。結局、兄弟子の分まで払わされた。

浅草で思い出すことはスイカである。そのころ浅草へ行って何か食べるのが楽しみの一つだった。といっても屋台みたいな店でせいぜい十銭ぐらいのものを食べるのが精いっぱいだった。給料をもらってまだ間もないある日、兄弟子と「きょうは少し金がある。一つシナ料理を食ってみようじゃないか」というわけで話が決まり、ちょっとしたシナ料理店にはいった。

二階の席に着いてまず目に映ったのが、おさらに大盛りにのせてあるみごとな切ったスイカ、実にうまそうなスイカだった。おさらに乗っている以上、当然食っていいのだろうと思い、二人で遠慮なくパクついた。ベラぼうにうまい。こんなに食べて、あとで高い金をとられるかもしれないと心配していると、女中がはいって来て「あらっ」と言った。「ここにあったスイカを食べたのですか」と言う。「そうだ、うまいスイカだが、どうしたというんだ」と聞き返すと、なんとそれは〝ハエ寄せ〟のスイカとわかった。ハエが群がりつくくらいだから味はよかったに違いないが、とたんにぐっと来てしまい、さすがにあとから注文したラーメンはのどを通らなかった。まことにお恥ずかしい失敗談ではある。

私の実家は鍛冶屋、自転車と機械に縁があり、私ももともと機械いじりが好きなたちだったので、自動車の修理をやらされるようになっても、技術の習得が早く、進歩がいちじるしかった。そこで主人も私を一人前の修理工として認めたのだろう、一人で外部に出張する機会を少しずつ与えてくれるようになった。

ある夏の日、主人に「神田先の九段でギアが欠けてエンコしているから行ってこい」と言われた。自転車に乗って現場まで行き、その車のギアをはずしてみると、工場に持って帰らなければ修理できないことがわかった。そこで油が真っ黒についたギアを自転車のうしろにしばりつけ、鼻歌まじりで本郷への道を急いだ。夕方であたりは暗くなりかけていた。自転車に灯をつけずに水道橋まで走ってくると、物かげにかくれていた真っ白い服、真っ白い手袋にサーベル姿のおまわりさんに「オイ小僧、ちょっと待て」と呼びとめられ、うしろに積んだギアを押えられてしまった。

「電気もつけずに乗ってはダメではないか。ちょっと交番までこい」こちらを小僧と見てか、巡査はすこぶる高飛車である。その巡査が交番の明るいところに来てびっくりした。真っ白い服、真っ白い手袋が哀れ無残にも真っ黒けである。しまったと思ったおまわりさんは「オイ小僧、なんでそんなものを乗せて来た」とカンカンな怒りよう。おかげで「オイ小僧」「オイ小僧」の連発で、私はさんざん油をしぼられた。

工場では私がいつまでたっても帰らないので電話をかけるやら、捜しを出したりして大騒ぎになった。主人も兄弟子も私がいなか者なので、まい子にでもなったと思ったらしい。とうとう捜しに出た兄弟子が、交番の中でおまわりさんにどなられている金モール姿を見つけ「どうかご勘弁のほどを」とわびを入れてもらって、やっとの思いで逃げ帰った。当時の作業衣はたいてい外国からの古着で、将校服のようにところどころ金モールがついていた。私もそれを着ていたのである。

私が十八歳のとき、主人から盛岡へ出張して消防自動車をなおしてこいと命ぜられた。年こそ若かったが、腕の方は認められていた証拠だろう。喜び勇んで盛岡まではるばる汽車で乗り込んだが、着いてみるとむこうの消防団長はじめ関係者は妙な顔をしている。「こんな小僧に何ができるんだろう」とむしろ当惑顔さえしている。まるっきり小僧っ子扱いされた私があてがわれた宿のへやは女中べやの隣であった。そして自動車をどんどんばらしていくのを見て、こわされてしまいはせんかとハラハラしながら言った。「小僧さん、そんなにしてだいじょうぶかね」と。

そんななかにあって黙々と作業を続けた私は三日目にまた元通り組み立てを終わった。そして試運転のエンジンをかけると消防車のエンジンはみごとに動き出した。「おい、みんな動くぞ、水が出るぞ」と団長らはびっくりするやら驚くやらである。私もこのときばかりは得意満面だった。これまでバカにしていた人びとの目が急に尊敬の色に変わった。

その日の夕方、旅館に帰ると、へやは女中べやの隣から床の間のついた一等室へ替えられていた。現金なものだ。けさまでの小僧扱いから、一躍神さま扱いへの変わりようである。こんな三段とびの待遇改善に、こんどはこっちの方がめんくらってしまった。お銚子《ちょうし》が出る、女中が出て来ておしゃくもしてくれる。酒を飲むのもはじめて、まして女の人からおしゃくをされるなどなおさらのこと、さかずきを持つ手がガタガタふるえて止まらなかった。

私もそのころはまだ純情そのものだった。いまにして思えば、最初の女中べやの隣室は全く地の利を得ていたわけで、残念だったと思わぬでもない。だがそれよりもいっそう身にしみて感じたのは〝技術〟のありがたさ、貴重さであった。

東京に帰り、この報告をすると、主人もとても喜んでくれた。そんなことで主人も私の技術を高く買うようになり、私も精いっぱいの奉公を続けた。徴兵検査では色盲と誤診されて甲種合格を免れたので、さらにもう一年お礼奉公をした。

［エピソード1］

アート商会の主人・榊原郁三は、優れたエンジニアであり、経営者だった。修理業にとどまらず、ピストンの製造までを手掛けた企業家でもあった。

本田は、「尊敬する人物は？」との質問に、必ず、かつての雇い主、榊原の名を挙げている。さらに、アート商会の修理業務には、モーターサイクル（オートバイ）が含まれていたことも、意味深い。当時は、自動車もモーターサイクルも、限られた階層の持ち物だった。そして、そのほとんどが外国車だった。しかも、現在よりはるかに数多く存在していた世界中の大小さまざまなメーカーのクルマ、大量生産車から少量生産高級車、スポーツカー、こんなクルマまでがと驚くほどの希少車までも、日本に輸入されていた時代だった。アート商会には多種多様なクルマが修理に持ち込まれた。知識欲旺盛な本田には、絶好の実地勉強の場所だった。

ホンダの二代目社長河島喜好は言う。「よくまあ、そんなことまで知ってるなぁとビックリするくらい、クルマのエンジニアリングの知識は広くて深かった。メカニズムには精通していました。アート商会の徒弟時代、アート商会浜松支店での経営者時代に、おやじさんは、それこそ現場・現物・現実で、それらを学んだんでしょうね。知識だけじゃなく、溶接から鋳造から、何から何まで名人級です。紙の上の学問しか知らなかった僕らじゃ、とても歯が立たなかった」

本田はアート商会の徒弟時代、主人の榊原兄弟を手伝ってレーサーのカーチス号をつくり、レースにはライディングメカニックとして同乗し、大正13年（1924年）11月23日の第5回日本自動車競争大会で優勝した。中央が本田宗一郎。左はアート商会経営者・榊原郁三氏、右はドライバーの榊原真一氏。

4　若者と二人で「浜松支店」

アート商会の六年間で、私は一応修理工としての技術を修得、自動車の構造、修理、運転をマスターした。そこで主人も私を信用して下さり、いわゆる〝のれんわけ〟をしてくれた。こうして郷里に近い浜松に「アート商会浜松支店」という看板をかかげ、一本立ちして自動車修理業を開業したのが私の二十二歳のときである。「アート商会浜松支店」という名前こそりっぱに見えるが、実は私と小僧一人きりというささやかなもの。だが故郷の父は、私の開店を心から祝ってくれ、家屋敷と米一俵を贈ってくれた。

私が開業したころ、浜松にはほかに二、三軒しか修理工場がなかった。開店当初は店主といっても徴兵検査をすぎたばかりの私である。「あんな若僧になにが……」ということでなかなか思うように仕事が得られなかった。しかし、よその修理工場ではなおらなかった車が私のところに持ち込まれてなおったということがちょいちょいあって評判になりはじめ、なんでもなおるというようなうわさまで立つようになった。こうして仕事はどうやら軌道にのり、その年の暮れの三十一日、勘定を締め切ってみると八十円が残った。

最初の年に、しかも二十二歳で八十円残したわけだから全くうれしかった。そのとき私は一生のうちになんとか千円ためようと決心した。そして働きまくった。なにしろ機械は大好きで手先は器用だったから、手近なものを改良したり、研究したり、製作するなど仕事には熱がはいった。またそれがおもしろかった。

たとえば、震災のところでも書いたが、当時はトラックも乗用車も全部車輪のスポークは木製だった。私はそれに目をつけ、鋳物製のスポークを考え特許をとり博覧会へ出したが、この鋳物スポークが非常な好評を呼び、インドまでへも輸出されるほどになった。

こうして二十五歳のときには、もう月々千円もうけるのは軽かった。二十二歳のとき一生かかって千円ためようと思ったことが、わずか数年で毎月千円以上もうかるようになったのだ。工員は五十人ぐらいにふえ、工場もどんどん拡張した。そして収入がふえてくるとそれだけに遊びも激しくなり、金をためようという気などはどこかへ行ってしまった。元来がけちけちした遊び方のきらいな性分だ。他人にめいわくをかけず、自分の遊びは自分の金で、という主義なので、その遊び方もいきおいハデなものであった。

若さと金にものをいわせて芸者を買っては飲めや歌えの大騒ぎをしたり、芸者連中を連れて方々を遊び回った。おかげで長唄、端唄、どどいつなど別に習ったわけでもないのに自然におぼえてしまい、人前でもいくらか聞いてもらえるようになった。

二十五、六歳のころには私は自家用車――そのころはお屋敷車といっていた。もちろん外国製――を二台持っていた。その車に芸者を乗せてはよく遊びに出かけたものである。

あるとき、半玉を乗せて静岡へ花見に行った。したたか花見酒を飲んでその帰り道、車の中でもおかんをして、なお酒を飲みながら運転して天龍川の橋にさしかかった。五十銭の渡り料を払って渡り始め、少し行ったところで運転を誤り、あっという間に橋の手すりを二十数本こわして、自動車もろとも天龍川に飛び込んでしまった。完全な酔っ払い運転である。

だが幸い、橋の高さが低く、車は水ぎわ寸前で止まったので二人とも命は助かった。私は地元の新聞にまたデカデカと出されるのをおそれた。「また」というのは、その少しばかり前に税務署員と払う払わないで大げんかをし、あまりしゃくにさわったのでホースで税務署に水をかけた。つね日ごろ二十五歳ぐらいの若僧が四十男、五十男顔負けの豪遊をしていたので内心おもしろからぬ気持ちも持たれていたのだろう。翌日の新聞のトップに〝アート商会大あばれ〟とさんざん書かれてしまった。

〝アート商会芸者を連れて大あばれ〟とまたやられてはたまらない。そこで半玉をそっと助け出し、橋の上に押し上げて金を渡し「人目につかぬよう、これでハイヤーを拾って先に帰れ」と言った。だが半玉はまだシクシク泣いて泣きやまない。「どうした」ときくと「はいて来たゲタの片方が見えなくなった」という。

「そんなもの帰ったらすぐ買ってやるから」と言って帰したが、私は自分の持ち物に対する女の執着心の強さというものを、このときほどつくづく感じさせられたことはなかった。

酔っぱらい運転のあげく、芸者と橋から転落した事件も、どうやら新聞に出ずに済み、ことなきを得たが、この後日談がある。

私がのちに東海精機をつくり、ピストンリングの製造をやるようになっての戦時中のこと、私と宮本という専務の二人で磐田《いわた》工場に行くべくバスに乗った。私たちはすわったが、途中から乗ってきたどこかのおかみさんが子供をおぶってつり皮につかまっている。「どうぞ」と言って席を譲ってやった。その瞬間、お互いに視線が合った。

「あら、本田さんじゃありませんか」「いや、どうも、これはしばらく」天龍川にいっしょに飛び込んだあの半玉との再会というわけである。間もなくバスが天龍の橋を渡ったとき「ここだったわね」とおかみさんは言った。私もあの晩のことをなつかしく思い出した。

だがそばにいた宮本専務にはなんのことかわかるはずがない。あとで「ここだったわね」とはいったいなんのことだと私を責める。それまでだれにもないしょにしていたこの事件は、このときはじめてご披露に及び、逐一当時の模様を話して腹をかかえたしだいだった。

青年団に自警団があって、冬になると夜十一時から朝の五時まで夜回りすることになっていた。私もそのメンバーの一人として当番を勤めた。だが私の夜回りはふるっていた。私の番になると若い芸者衆が集まり、一人は先頭を歩いて拍子木をたたく。私の左右両側には二人がぴったりつき添って静まりかえった往来を大きな声で歌いながら回った。家にはもう一人の芸者がおカンをつけて待っている。帰ってくればあつくなった酒でさあもう一杯というぐあい。まことに豪勢な夜回りだった。町内の長老たちからは「本田さんの夜回りは大勢で回るから安心できてけっこうだ。だがなんとも騒々しくていけない」といわれたが、なるほどそれに違いはなかった。

二十七歳のときいまの妻を女房にもらった。そのとき自分で自動車を運転して嫁さんを迎えに行った。女房の村の人たちから「運転手さんといっしょになるの」と女房はたいへんな尊敬のされかただった。そのころ自家用の車を持っている者はそうざらにはなく、運転手も「さん」づけされるほどだった時代である。その披露には、なじみの芸者衆を呼んで、おむこさんの私自身が〝つるかめ〟を歌いながら踊った。増田常務はじめ集まった人たちはびっくりするやら、あきれかえって物も言えなかった。

だが芸者相手にいま考えるとぞっとするようなたいへんなことを仕出かしたこともある。浜松では毎年五月に「たこ祭り」が行なわれるが、そのお祭りの日に私は友人と二人で料理屋で芸者相手に飲めや歌えの大騒ぎをしたことがある。芸者もこっちも相当酔っぱらっていたが、そのうちに芸者がちょっとなまいきなことを言った。われわれ二人はそれをとがめて「このなまいきやろう」と芸者を料亭の二階から外へほうり投げてしまった。その瞬間、パッと火花が飛んだ。

外を見ると私の投げた芸者のからだが電線に引っかかっていた。電線はショートして切れ、へやの中もあたりもまっくらになった。私はあわてた。酔いはいっぺんにさめて飛びおりるように外へ出た。そして電線にかかっている芸者の足をひっぱり、やっとの思いでおろした。五月のことで、芸者もわりと厚着していたので命拾いしたが、もしこのとき電線にひっかからずにまっすぐ下の道路に落ちていたら、芸者の命はなかったと思う。そして私はいまごろまだ刑務所生活をしていたかもしれない。もちろん、いまの本田技研もありえなかった。きわどいところで助かったのは私の方だともいえる。

手製のモーターボートを運転して遊んだころ。

そのときの芸者は、いま飲み屋のおかみになっており、彼女にはいまだに頭が上がらない。

こうして若いときにはよく遊んだが、それは決してむだではなかったと思っている。花柳界に出入りしていると、人の気持ちの裏街道もわかってくるし、いわゆるほれた、はれたの真ん中だから、人情の機微というものも知ることができる。私がただまじめ一方の技術屋とはいささか違うところを持っているとすれば、こんなところに元があるといえそうだ。他人にめいわくをかけたり、人の金で遊ぶのはよくないが、若さのあるうちにこういう経験も一度ぐらいはあってもいいのではないか。別に奨励するわけではないが……。

若いときには仕事のほかにも趣味をかねていろいろな機械を作って遊んだ。機械いじりは元来私の道楽なのである。自分が作ったモーターボートに若い工員や芸者たちを乗せ、浜名湖上を走り回ったものだ。いま、はやっているモーターボートの波乗りなどはとっくの昔にやったこと、私にとっては流行遅れの遊びでしかない。

暇を見て自分で作ったもので忘れられないのは競走用自動車のことである。東京のアート商会で小僧をしていたとき、主人がレーサー（競走用自動車）好きで私につくってみろという。鍛冶屋の子の私はトンテン、トンテンができる。そこで仕事が終わったあと夜八時ごろから十二時ごろまで、水っ鼻をたらしながらやった。初めの数台は砲兵工廠で使っていたダイムラーベンツ・オークランドという古い車のシャシーに乗せて車体を作った。次に千葉県の津田沼にあった飛行学校から払い下げてもらったカーチスのエンジンを改造して二台つくった。このレーサーは非常によく走り一着を取った。そういうことがあったので、私は浜松でも暇を見つけてはコツコツとレーサー作りに余念がなかった。そのうち実地にためしたくてムズムズしてきた。そこで当時

事故の瞬間！　転倒する車から飛び出しているのが本田宗一郎。昭和11年（1936年）全日本自動車スピード大会で。

東京の多摩川べりで開催されていたオートレースに出場した。はるばる浜松からの遠征である。何回か出場し、ときには優勝するなど相当活躍した。

それは昭和十一年（一九三六年）七月、三十一歳のときのこと、同所で行なわれた全日本自動車スピード大会に出場した私は、自作のレーサーを駆ってゴール寸前、時速は百二十キロをこえた。そして、も少しで優勝というとき横から修理中の自動車がでてきた。アッという間もなく接触した私の車はトンボ返りに三転した。グラッと体が大きくゆれ、視界が逆さになるのを感じた。車からはね飛ばされ、地面にたたきつけられた私はさらにも一度バウンドして気を失った。

病院のベッドの上で意識を回復した私は、顔中に激痛を感じた。あのサイレンを鳴らす救急車で病院に運ばれていたのだ。顔の左半面がつぶれ、左腕がつけ根からはずれて手首も折れていた。助手席に乗っていた弟はろっ骨を四本折る重傷だった。「よくまあ二人とも助かりましたね」と看護婦はびっくりして言った。そのときの傷跡は左目わきにいまも残っている。

このときのレーサーはフォードを改造したもの、私の出した百二十キロのスピードはわが国の新記録だった。それで優勝こそ逸したが、特に優勝トロフィーをもらった。この記録が破られたのはつい最近のことである。人間は妙なもので、二、三十キロのノロノロ運転でも命を失う人があるかと思うと私のように猛スピードでの事故でも生きていることがある。全くの命拾いであった。

［エピソード2］

日本のモータースポーツの発祥は、大正時代初期にまでさかのぼる。それはモーターサイクルレースから始まり、自動車レースへと広がっていった。今のわれわれが想像する以上に、一九二〇年代の昔から、レースはかなり盛んに開催されていたのである。

そればかりではない。海外のモータースポーツの情報も、当時の自動車誌に、驚くほど詳しく紹介されているのだ。マン島TTレースが世界最高の二輪車レースであることも、自動車の最高峰レースが、ヨーロッパのGPレースであり、ルマン二十四時間であり、アメリカ最大のレースがインディアナポリス五〇〇マイルであることも、日本のレース愛好者たちは知っていたのだ。もちろん、本田も知っていた。

本田をモータースポーツの世界に誘ったのも、アート商会の榊原だった。榊原をリーダーに、弟の真一氏、本田たち数人の弟子が加わって、レーシングカーの製作が始まったのは一九二三年である。本田はアート商会の徒弟時代、主人の榊原兄弟を手伝ってレーサーのカーチス号をつくり、レースにはライディングメカニックとして同乗し、二四年の第五回日本自動車競争大会で優勝している。

5 ピストンリング製造に苦闘

二十八歳のとき、私は繁盛していた修理工場を閉鎖し、新しく東海精機株式会社をつくってピストンリングの製造をはじめた。順調にいっていた修理業をやめ、どうして商売替えしたかというと、自分の使っていた工員たちがボッボッ独立して店を持つようになったものの、自動車が急にふえるでなし、結局私の商売がたきとなって競争することになる。私はそれがいやだった。それに修理屋はやはり修理屋だけのことしかない。いくら修理がうまくても東京や米国から頼みに来るわけがない。そのうえ昭和十二年の支那事変以来物資の統制がきびしくなってきたので、材料が少なくてすむ事業に切り替える気になった。修理から製造への一歩前進を策したわけである。

だが、はじめは重役の反対が強くてなかなか踏み切れなかった。そのうち顔面神経痛にかかり、医者だ注射だ温泉だと二か月以上も仕事から遠ざかってしまったが、その間反対者をくどきおとしてくれる人があってようやく転換に踏み切ることが決まっ

28歳、昭和10年（1935年）ごろのアート商会浜松支店。左のクルマ『ハママツ号』の横にサングラスをかけた本田がいる。左から15人目は、弟の本田弁二郎。右端には当時としては珍しかったリフト式修理台が写っている。これも本田の発明品の一つである。

た。するとどうだろう、ふしぎにもこれまで苦しんでいた顔面神経痛がけろりとなおってしまった。これにはわれながら驚いた。

だが、転換してみたものののピストンリングの製造は考えていたほど簡単にはいかなかった。しかたがないので鋳物屋のおやじに聞きに行くと「途中からやろうたって、そんな簡単にできるわけがない。やっぱり年期奉公しなければ……」と剣もほろろの返事、作れるもの、売れるものと思って、すでに機械は金をかけて据えつけ、工員も五十人ぐらいかかえているのだから、どうしても成功させなくてはならなかった。

宮本専務といっしょに毎日、夜中の二時三時まで鋳物の研究に取り組んだ。髪はのび放題、妻を工場に呼んで長くのびたのを切らせながら仕事を続け、疲れてくると、酒を一杯ひっかけて炉ばたのござの上でゴロ寝するという日が続いた。私が一生のうちで最も精魂をつくし、夜を日に継いで苦吟し続けたのはこのころである。たくわえも底をつき、妻の物まで質屋に運んだ。ここで挫折《ざせつ》したら皆が飢え死にするとがんばったが、仕事はさっぱり進展しない。絶体絶命のピンチに追い込まれた。

こう思うようにいかないのは、私に鋳物の基礎知識が欠けているためだと気がついたのはそのときだった。そこでさっそく浜松高工（現、静岡大学工学部）の藤井教授をたずねてご指導をいただこうとした。先生は同校の田代教授を紹介してくれた。田代教授に私の製作したピストンリングを分析してもらうと、「シリコンがたりませんね」と言われた。私は「そんなものがないといけないんですか」といった調子、いまにして思えばこんな基礎的知識さえなく始めたのだから全く無茶だったとあきれかえるよりほかない。そこでやはり大きく飛躍するには根本的に基礎からやり直すべきだと思い、当時の校長安達先生にお願いして、浜松高工の聴講生にしてもらった。

事業主としてこの間の生活は遊びどころでなく、非常に苦しい日々が続いた。だがピストンリングの製作に成功すればどうにかなるという前途に期待をかけ、みんな励まし合ってこの苦しさと戦った。

どうにか物になるピストンリングの製作に成功したのは昭和十二年（一九三七年）十一月二十日だった。製作にとりかかってからすでに九か月すぎていた。大勢の工員をかかえ製品なしの辛苦の九か月間だった。

一方、浜松高工の聴講生としての私は、ダットサンで通学しはじめた。先生方は歩いて登校しているのに、生徒の私は自動車だったからたちまち評判になった。だが講義の方は、他の生徒が全部先生の言うことをうのみにして筆記しているのに、私の頭はピストンリングの研究とその成功をはかることでいっぱいだったから、あそこで失敗したのはこれだな、こうすればいいんだなといった調子で話を聞くだけでメモはとらない。試験の日になると休んで受けなかった。そこでとうとう二年たったある日、退学を言い渡されてしまった。

校長に退学の理由を聞きに行くと「君、試験を受けなかった者に卒業免状はやれないよ」と言う。そこで私は負け惜しみではないが、

「免状なんかどうでもいいですよ。私は免状のために学校へ来ていたのではありません。仕事のために勉強しているのですから。映画の切符なら必ず映画館にはいれるが、免状じゃ映画も見られません。映画の入場券より悪いじゃないですか。免状をも

らっても絶対に食えるという保証はない。そんな免状なんか……」と毒舌をはくと、校長先生はひどく怒った。

私は退学を命じられてからも、しばらくの間は自分の好きな時間になると出て行って講義を聞いていた。こうなると月謝は払わないですむ、よけいな勉強に神経を使う必要がない。しかも仕事に必要な研究成果はいただくという前よりむしろ虫のいい寸法と相成った。そしてこのときの勉強が大いに役に立ち、物を考える際とか技術上の疑問点を問いただすときなどの基礎となった。

さて、やっとピストンリングを作れるようになったものの、量産され商品化するまでにはなお血みどろの苦闘が続いた。研究室を作って研究を重ねたが、いざ販売するとなるとなかなか骨が折れた。トヨタ自動車に納めようと三万本ほど作り、その中から五十本ほど選んで納品検査をしたらわずか三本しか合格しなかったというみじめな思いもした。その間、製品は中小会社に流してほそぼそとどうやら暮らしていた。

資材は統制がいよいよきびしくなり工場を建設するにもセメントがない。そこで私は自分で原料を集め、くふうして自家製セメントを作り、これで土台を築いたりした。

そのうち研究の成果が少しずつ現われ、二年かかってようやくトヨタの納品として合格するようになった。それがもとで、戦時中トヨタの資本が四十%はいり資本金百二十万円の会社に成長してピストンリングの生産は本格化した。そのときトヨタから取締役としてはいって来たのが石田退三さん（トヨタ自工会長）だった。

こうして終戦までピストンリングの製造をやっていた。それも自動車だけでなく、海軍の船とか中島飛行機の部品まで造った。特に私が力を入れたのは、ピストンリングの生産方法を女の子にでもできるように自動式に改良したことで、この経験が戦後、オートバイの量産をはかるうえに非常に役立った。

戦時中、日本楽器ではプロペラを作っていたが、そこからプロペラの削り機を作ってみてくれと頼んできた。それまでの削り機は手動式のもので、プロペラ一本削りあげるのに一週間もかかった。これではとても大量生産できるはずがない。そこで私が考案したのがカッター式の自動削り機である。それは三十分に二本作れる当時としては驚異的な工作機の発明だった。各方面から注目され読売報知新聞は「翼増産へ技術の凱歌、手の労働脱却」という見出しで大々的に報道し、私は軍から表彰された。

しかし、それもつかの間、昭和二十年（一九四五年）に浜松地方に大地震があって工場は倒れ機械はこわれた。そしてこわれた機械を修理しているうちに終戦になってしまった。

6　バイクからオートバイづくりへ

終戦となってピストンリングの製造は完全にお手あげとなった。東海精機の株主であるトヨタからはトヨタの部品を作ったらという話があったが、私は断然断わって私の持ち株全部をトヨタに売り渡し身を引いてしまった。戦時中だったから小じゅうと的なトヨタの言うことを聞いていたが、戦争が終わったのだからこんどは自分の個性をのばした好き勝手なことをやりたいと思ったからである。またGHQ（連合軍総司令部）の財閥解体、工場解体指令でトヨタも解体されるのではないかといううわさもあり、ここできれいさっぱりと縁を切った。

トヨタに東海精機を売り渡して得た金は四十五万円。これを元手に次になんの仕事をしようかと考えたが、なかなか見当がつかない。こんな混乱の時にガタガタしてもしかたがない、一年間ようすを見ようと尺八など吹いて遊び暮らしていた。

東海精機の工場が残っていた磐田《いわた》にアルコール工場があり、そこで私は思い切ってドラムかんにはいった医薬用アルコールを一本一万円で買って来た。終戦直後の一万円というのはかなりのもの、これをわが家にデンとすえつけ、これを使って好き勝手に自家用合成酒をつくった。そしてしょっちゅう友だちを呼んできては飲んでいた。

そのころ磐田に警察学校ができ、私は頼まれてそこの科学技術担当の嘱託になった。むろん無給である。だが退屈で困っていた私はいい遊び場所ができたとばかり、例の自家用酒をぶらさげて行って飲んでは将棋をさしたり、オダをあげていた。

この期間はこれといった仕事もしなかったかわり、遊びながらいろいろなことをやった。みんなが食糧に困っていた時代なので浜松の海岸で電気製塩をやり、塩一升と米一升を交換して喜んでいた。技術屋だから製塩などは良質のものが人より器用にできた。

そのうち女房らは、私が遊んでばかりいていつまでたっても本気で事業に取りかからないのを見て心配しはじめた。私が敗戦ボケでふ抜けになってしまったのではないかと思ったらしい。しかし、私としては遊んでいてもただ遊んでいたわけではなかった。次に何をやろうかと絶えず心ひそかに考えていた。

[エピソード3]

さち夫人の証言――

「東海精機の株を、トヨタさんに全部お譲りして、無職になってしまったの。軍がいばりくさる時代が終わってよかったなぁ。これからしばらくは何もしないよ。お母さん、当分養っとくれって、本当にまるで働かない。食糧難の最中でしょう、お父さん（本田）のほかに育ち盛りの子供三人、庭を耕して野菜つくったり、私の実家は農家ですからお米を分けてもらいに行ったり。あの人は庭に出ても草一本むしらない。ひがな一日、庭石に腰掛けてるだけ。ご近所で評判の『何にも仙人』でしたよ。夜になると友達を集めて、知り合いの酒屋さんに内緒で売ってもらったドラム缶一本のアルコールで酒盛り。お父さんらしいのは、アルコールに炒った麦と杉の葉を入れて、ウイスキーっぽく工夫するところ。やらされたのは私ですけどね。やれ麦が焦げ過ぎたとか、口だけはやかましく注文して。そのうち、人のウワサでは製塩機をつくったとか、アイスキャンデー製造機をつくったとか聞こえてくるけれど、本人は何も言ってくれない。塩一つまみも、アイスキャンデー一本も家に持って来ないんです」

そしてまず私がとりかかったのは織物機械をつくることだった。当時は〝ガチャ万〟時代といわれるほど織物産地の浜松では織機一台持っていればすばらしい金もうけができた。それほど衣料品が不足していた。だがそのころ使っていた織機はシャットル式という水平往復運動だけの能率の悪い機械だった。そこで私はたてにも動き早い速度で大幅物も簡単に織れるロータリー式の織機をつくってみようと考え、浜松に持っていた六百坪（千九百八十平方メートル）ばかりの土地に五十坪（百六十五平方メートル）ほどの疎開工場のバラックを買って来て本田技術研究所を設立した。終戦の翌年のことである。

しかし、さんざん遊んだあげくではあり、資金もたいしてなかったのでとても飯を食う手段にはならない。そこで織機をあきらめて考えついたのがモーターバイクであった。戦争中、軍が使用していた通信機の小型エンジンが付近にゴロゴロしていたのを安く買い集め、それを、自転車につけて走らせたのだ。

［エピソード4］

昭和二十一年（一九四六年）九月のある日、友人の家を訪れた本田は、そこで偶然、小さなエンジンに出逢う。アート商会浜松支店を経営していたころ、タクシー会社をやっていた友人が、たまたま知人から預かっていた旧陸軍の六号無線機発電用エンジン。これを見た本田の頭に、アイデアがたちまちひらめく。

この出逢いが、彼の向かう将来を決め、後のホンダを生むことになる決定的瞬間だった。本田は、もともと自動車修理工でエンジンはお手のもの、そして、発明家である。「これを自転車用の補助動力に使おう」。

自転車に補助エンジンを付けるというアイデアは、昔からあった。イギリスなどで製品化され、戦前の日本にも少量ながら輸入されていた。そもそも、モーターサイクルの発祥そのものが、自転車に動力を付けることから始まったのだ。補助エンジン付き自転車は、モーターサイクルの祖型・原型に近い。しかし、あったというだけで、戦前には全く普及していない。だが、戦前より劣悪になっていた日本の交通事情の中では、大衆の足は自転車だった。山のような荷物を積んで働く運搬道具でもあった。これに補助動力が付けられたら、どんなに楽か。どれほど役に立つか。人に喜ばれて、同時に商売になるアイデアを、本田自身が最も得意とする分野の中で発見したのだ。家にあった湯たんぽを、とりあえず燃料タンクに活用したというエピソードも、この時のことである。

「『こんなのができたから、お母さん、乗って走ってみろよ』って、一台家に持って来たんです。私が自転車を漕いで、食料の買い出しに行く苦労を見かねてあれをつくったなんて、あとでカッコいいことを言ってますけど、そんな気持ちも少しはあったかもしれません。だけどそれより、女でも扱えるかどうか知りたかったのが本音だわね。私はいわば実験台。人がいっぱいの表通りを走らされるんですから、一番きれいなモンペをはいて乗りましたよ。ひとしきり走って戻って来たら、一張羅のモンペが油でベッタリと汚れちゃってるの。『これじゃあ駄目ですよ、お父さん。買ったお客さまに叱られてしまいますよ』と言ったら、いつもの『うるさい！　よけいなこと言うな！』が出ないで『うん、そうだなぁ』って珍しく素直だったわよ」。汚れる原因は、キャブレターからの混合油の吹き返しだった。さち夫人の意見通り、市販時には汚れを防ぐ改良が、きちんとされていた。

ところがこれがたいへんな評判になった。何しろ交通機関は混乱状態、汽車もバスもその混雑ぶりはいまでは想像もできぬほどだったから、各地の自転車屋さんとかヤミ屋が買いに来て飛ぶように売れた。あまりの好売れ行きに買い込んでおいたエンジンもすっかり手持ちがなくなってしまった。

もともと機械作りの好きな私は、こうなったらエンジンまで作ってしまえとばかり、爆撃されて放置してあった機械を修理して据えつけ、エンジンの製造にとりかかった。

資金は父には悪かったが、父が苦心して入手した山林を売りとばして作った。父はそのころナベやカマを作って近所の人に分けてやるなどコツコツ働いていた。

こうしてできたエンジンが現在のホンダのオートバイエンジンの基礎になった。もとはといえば、それまで遊びに行くたびに乗り回していた自動車がガソリン不足で動かせなくなり、といって汽車やバスでは混んでどうにもならない。そこで自転車に目をつけたのだった。

自転車に小型エンジンを付けたものつまりモーターバイクという私の創意はみごとに的中して最初月産二、三百台だったのが、しまいには一千台ぐらいつくった。栃木とか岡山などという遠方からも自転車屋さんやヤミ屋が買いに来た。事実、米の買い出しなどには最適で、私も女房の実家にはバイクを利用してちょいちょい行った。だが一方では「あんなもの、ヤミ屋の乗るものだ」とさんざん悪口も言われた。

もっとも、モーターバイクの製造にとりかかるについては身内や知人の間からもいろいろな批判や意見があった。「自動車はこれからどんどんふえるだろうから、自動車の修理工場をやろう」と提案する者があるかと思えば「ガソリンの不足時代にモーターバイクなんかに乗るやつがいるか」と否定する者もあった。だが私は「ガソリンがない時代だからこそ、少ないガソリンで動くモーターバイクが必要なのだ。薬屋で売っているベンジンを買ってきても動かせるではないか」と主張してエンジンの製作に踏み切ったのだった。

はじめは十人ぐらいのメンバーで始めたが、私は弟弁二郎とか、いまの本田の重役になっている河島喜好君らと力を合わせてがんばった。河島君は浜松高工を卒業するとすぐ私どもの小さな工場に来てくれた人で、そのころは図面を書いてもらった。

［エピソード5］

二代目社長になる河島喜好は昭和二十二年（一九四七年）に初の学卒エンジニアとして採用された。本田の自宅で、コタツにあたりながらの就職面接を経てのことであった。

「学校出の人に払うような給料を、今のウチでは出せないんだ、とお父さんが言ったのに、河島さんは、それでもいいです、と言ってくれたんですよ」と、さち夫人。

その河島は「うーん、はっきり言いまして昭和二十二年でしょ。就職難の最中。もう、いくらでもいい。とにかくエンジニアらしい仕事をさせてもらえるなら、どこでもよかった。おやじさんは浜松では有名な技術者でしたから、その人のところで働けるのならって。それに家が山下町の隣の元目町なので、歩いて五分。交通費もいらない。確かに初めは安給料で、時々遅配もありましたが、親掛かりの独身ですからまあ大丈夫。今思えば、運が良かった。明日からおいで、と、簡単に就職が決まった」

「こういうこともありましたよ。ある日、さち夫人が山下工場の事務所に来られた。奥さんが見えたけど、何だったのと聞いたら、経理担当の男が、お父さんが一銭も家にお金を入れてくれない。お買い物ができないから、悪いけれどお金を貸してちょうだいって言って来られたんですと。おやじさんにしてみれば、従業員の給料のほうが優先なんだ。女房子供なんかあと回し。そういう人だったんですよ」と付け加える。

ところで、いくら少ないガソリンで済むといっても割り当てのガソリンでは間に合いっこない。戦時中からガソリン統制は非常にきびしいもので、戦後になっても割り当て以外のガソリンを使っていると物統令違反でやられた。だからガソリンにはずいぶん不自由した。なんとかいいくふうはないものかと考えた私は、戦時中飛行機の燃料に松根油を使っていたのに目をつけ松山を買って松根油を作った。これをヤミで買って来たガソリンにたらしこむ。すると松やにくさいにおいがするから、違反でやられそうになっても、「使っているのはガソリンじゃない。統制外の松根油だ」とすまして言えばそれで通るというわけである。この松根油入りのガソリンはもともとにおいつけのために混合したのだからとてもほんとうのガソリンのようにはいかない。そこで一部から悪評も立てられたが、大衆にとってつごうのいいものはやはりつごうがいいわけで、北海道、九州と各地から現金持参で買いにやって来たほどだった。

ところがあるとき、松根油をとるために松の根元に穴を掘り、ダイナマイトでハッパをかけたところどういうはずみからか山火事を起こしてしまった。一時は一山燃えつくすのではないかというほどの火勢になり、消防署がこないうちに消し止めないことにはたいへんなことになるとあわてた。そこでみんなで必死になって消火につとめた結果ようやく消し止め、損害は自分の持ち山だけでホッとしたという一幕もあった。

だがそうこうしているうちに、こんどはオートバイを作りたくなってきた。自転車にエンジンをつけたバイクではスピードもおそいし耐久力もない。どうしても強力なフレームを持った強い馬力のオートバイを作りたいと考えた。そこで研究所全員の知能を集めて昭和二十四年（一九四九年）に完成したのがドリーム号であった。〝ドリーム〟と名づけたのはスピードに〝夢〟を託すという意味で私がつけたのだが、この完成祝いはドブロクの乾杯だった。それからわずか十数年いまや従業員五千人以上、年間売り上げ目標一千億円の会社に成長しようとは、まさに経営のうえでも〝ドリーム〟の実現となった。当時は五万円の借金にも苦しんだ私だが、いまでは十億円の借金も容易にできるようになった。

［エピソード6］

改造エンジンにあきたらなくなった本田が手がけた試作エンジン第一号は失敗作だった。エントツ型のシリンダーをしていたので「幻のエントツエンジン」と呼ばれる。

本田は河島を相手に、ユニークきわまる新エンジンのアイデアを思い付き、工場の床に描いて見せたのだ。しゃがみこんで、床にアイデアスケッチを描くのは、終生変わらなかった本田の癖である。

「商売だけ考えれば、六号無線機のエンジンをそっくりコピーすれば問題はないんです。一応は、性能が出てるんだから。ところが、もうその時から、おやじさんそのものなんだな。そのままなんてのをつくるのが、絶対に我慢できない。マネするのが嫌なわけですよ」

河島は、本田の口での説明と、大ざっぱなスケッチをもとに、懸命に設計図にしていった。後々、エンジニアたちの設計に、「どこが新しいんだ？　どこがヨソとちがうんだ？」と、真先に聞くのが口癖だったように、本田の初作品エンジンも、通常のエンジンとは異なるものだった。

エントツのニックネームが残るように、凸型のピストンと凸型のシリンダーヘッドを持ち、中央掃気という変わった掃気方式を採る常識外れの二ストロークなのである。モーターサイクル用エンジンにこの方式が使われた例はない。このエンジンの狙いは、二ストロークの欠点を減らすことと、性能の向上だった。すなわち燃料の節減とパワーアップである。だが、このエンジンは生産に移されないまま開発をやめる。当時の工作精度も材料もアイデアに追い付かず、トラブル続出だった。

結局、エンジンの商品化第一号は「ホンダA型」とよばれるオーソドックスなものに落ち着いた。このエンジンは順調に売れてB型、C型と進化する。そしてD型に到って、本格的なモーターサイクルに姿を変えた。一九四九年に発売した真紅のボディーの「ドリームD型」である。D型は、道路でひときわ目立って、ホンダの名を大いにアピールした。

ホンダのモーターサイクルの累計生産台数は、平成九年(一九九七年)十月に一億台を突破したが、その最初の一台は、昭和二十四年(一九四九年)八月にデビューした、このD型から数えられる。ドリームという、ホンダを象徴するかのような名前を与えられたD型は、ホンダがモーターサイクル・メーカーになった夢の証しだった。

7　東京に進出、初の四サイクル

私の会社の人物評として、よく〝技術の本田社長、販売の藤澤専務〟といわれるが、その藤澤武夫君と私との出会いは、ドリーム号の完成した昭和二十四年（一九四九年）八月であった。

当時モーターバイクが好評で、作るそばからどんどん売れる。自分がくふうしたものが人に喜ばれて役に立つということに無上の喜びを感じていた私はもうけの方をつい二の次にしていた。そしていつのまにか月産千台もの企業に拡大してしまっていたが、そうなると売り先は小さな自転車屋とか終戦の混乱に乗じてかねもうけをたくらむヤミ屋、復員した連中といったきわめて不安定なおとくいさんである。この時分、日本全体が不安定な世相だったのだから、おとくいさんだけを不安定呼ばわりするのは少しおかしいが、とにかくきのうは店を開いていたと思って売り掛け金を回収に行くと、次の日には店は閉まっていて、本人はどこへ夜逃げしたのか、だれも知らないといったぐあい、品物は出ても代金がほとんどはいらない。

これではこっちが破産してしまう。弱ったなと頭をかかえているところへ現在本田の常務をしている竹島弘君が藤澤君を紹介してくれた。竹島君は戦時中、中島飛行機にいて、私が東海精機で作ったピストンリングを見て、これなら使えると私に中島の仕事を手伝わせるキッカケを作った人である。

ちょうど同じころ藤澤君もいまならインチキともいえるひどいバイト（削り機に用いる刃物）を作って中島に納入していたので、竹島君は私と藤澤君の二人を知っていた。その竹島君が終戦後通産省に勤め替えして私の仕事の担当局にいたので、私がつぎつぎと発明をし新製品を出すには出すが、かねが取れないで困っていることをよく知っていた。そこで「おかねのことなら藤澤にまかせておけばなんとかするだろう。そうすればお前の苦労は減って好きな技術の道を歩けるようになろう」というので二人を会わせてくれたわけである。

私は東海精機時代はもちろん、それ以前から自分と同じ性格の人間とは組まないという信念を持っていた。自分と同じなら二人は必要ない。自分一人でじゅうぶんだ。目的は一つでも、そこへたどりつく方法としては人それぞれの個性、異なった持ち味をいかしていくのがいい、だから自分と同じ性格の者とでなくいろいろな性格、能力の人といっしょにやっていきたいという考えを一貫して持っている。

藤澤という人間に初めて会ってみて私はこれはすばらしいと思った。戦時中バイトを作っていたとはいいながら機械についてはズブのしろうと同様だが、こと販売に関してはすばらしい腕の持ち主だ。つまり私の持っていないものを持っている。私は一回会っただけで提携を堅く約した。

これに関連して、つねづね私の感じていることは、性格の違った人とお付き合いできないようでは社会人としても値打ちが少ない人間ではないかということである。世の中には親兄弟だけで会社を経営して、自分勝手なことをするような会社があるが、人材は広く求めるべきもので、親族に限っているようではその企業の伸びはとまってしまう。本田技研の次期社長は、この会社をりっぱに維持、発展させうる能力のある者なら、あえて日本人に限らず外人でもかまわないとさえ思っている。

ドリーム号を完成し、藤澤専務を販売に迎えた私は、翌二十五年（一九五〇年）三月、東京に営業所をつくり、東京進出の拠点とした。どうして東京進出を考えたかというと、私みたいな男が浜松のようないなか町にいると、どうも周囲の雑音が多すぎて困る。赤いネクタイを締めて傍若無人に自動車やオートバイをぶっとばして夜中の一時二時に帰宅するものだから、近所から文句が出る。朝早く出かけて夜おそく酒に

コンビを組み、大きな夢を語り合ったころの本田宗一郎（左）と藤澤武夫。

酔って帰ったりする私は全然なんとも感じないが、うちにいる女房がネをあげてしまった。

「本田さんのとこは、このごろ赤いネクタイを締めたり、毎晩おそく酒に酔って帰って来るようだけどだいじょうぶですか」と、いかにも私がうわ気でもしているかのようにウワサする。私は人にめいわくさえかけなければ、自分は自分だという考えだから、あたりの評判など気にせず動き回った。だがいつまでもこんなところにいたのでは窒息してしまう。自分の持っている個性すら発揮できなくなり、新しいデザインの考案だってむずかしい、と気がついた。そこでもっと開放されるところに出なければと東京進出を図ったわけである。

二十五年九月に東京の北区上十条に組み立て工場を作り、新しい意気に燃えて仕事に取りかかった。

郷に入れば郷に従えで、のんびりしたいなかにいては、製品もやはりいなかっぽい、やぼなものができがちだ。しかしこんどは刺激の強い都会で思う存分の仕事ができると思うと、実にそう快な気持ちになれた。そこでさっそく月産三百台のオートバイの組み立て工場をつくると申請したところ通産省に呼びつけられた。

「三百台なんてとんでもない。オートバイがそんなに売れると本気で思っているのか」としかられたのである。「本田はガソリンの割り当てをふやしてもらうのが魂胆だろうが、それにしてもちょっと気違いじみていやしないか」と同業者はさんざん私をこきおろした。だが、事実はその三百台が現在月産十万台以上を生産するまでになっているのである。当時十万台なんて言ったら、それこそ脳病院にでも入れられてしまったろう。

こうした新しい環境で研究を進めた結果、それまでの二サイクルエンジンに代わって四サイクルのE型エンジンを作りあげることができ、これをドリーム号に積載した。このテストは東海道を箱根にかけて行なった。ちょうど昭和二十六年（一九五一年）七月十五日のことで、ひどいあらしをついて浜松を出発した。テスト・ドライバーは前にも書いた河島喜好君だ。彼は設計から製作までいっさいを自分で手がけた愛車を駆ってのテスト行だった。

私と藤澤専務は私の運転する自動車（外車）で静岡県の三島口から河島君のオートバイの後を追ったが、早くてとても追いつけない。そのころ天下の嶮《けん》の箱根を越せるオートバイは少なかったのにドリーム号はぐんぐん私たちの自動車を引き離し、すばらしいスピードで一気に峠の頂までつっ走った。しかもエンジンは全然過熱していない。やっと芦の湖の見える山頂で、すでに休んでいた河島君に追いついたわれわれは、そのすばらしさに感激しどしゃ降りの雨の中で涙を流して喜び合った。こと技術に関してはあの有名なものぐさの藤澤専務までが自動車から降り、おりからの台風の中でズブぬれになってしばし動こうともしなかった。

この劇的シーンこそは本田技研発展の一段階を画する事件でもあった。それ以来フレームに銀線のはいったE型積載のドリーム号が非常に売れ出したのである。このときのテスト・ドライバー河島君はその後、三十四歳で本田技研の重役になった。

［エピソード7］

河島の回想——

「実は箱根峠は、だいぶ前から、僕らのテストコースだったんです。登れる自信は十分あったんですが、この日はおやじさんと藤澤さんが後を付いて来るんで、緊張しましたね。藤澤さんの目の前でオーバーヒートなんかしちゃったら、おやじさんの面目は丸つぶれでしょう。ちょうど台風の時で豪雨をものともせず、トップギアのまま一気に駆け登ったとされてますが、雨と、水しぶきがジャージャーかかって運がよかった、空冷が水冷になっちゃってよく冷えたから、と、僕は冗談を言ってるわけです。トップギアで登ったといっても、変速ギアが二段しかないんだから、当たり前。ま、それを考えれば、よく粘る、いいエンジンだったと思います。伝説では、本田と藤澤の乗ったビュイックを引き離し、先に登り切ってしまった河島と、頂上で三人が抱き合って喜んだとなっている。そりゃちょっと気持ち悪い、こっちはカッパを着てズブ濡れだし。握手でしたよ」

8　借り着で藍綬褒章を受ける

E型エンジンの完成でドリーム号の評判は上がったが、当時としてはまだ高価すぎて簡単に普及するというわけにはいかなかった。そこで私は、もっと普及させるにはどうしたらいいかと考えた。なんといっても圧倒的に広く普及しているのは自転車である。そこで自転車に代わるようなオートバイを作らねばダメだと思った。

これまでモーターバイクに使ってきたエンジンは、戦時中軍隊が使っていた通信機用エンジンの廃物利用から出発しているものだったから、重いし、能率も悪かった。こんどは自転車につけるエンジンを、とはじめからその目的で研究し、作ったのがカブ号のエンジンである。白いタンクに赤いエンジンというこのデザインは私が考案した。

私は最初デザインというものは芸術家でなければできないものだと思い込んでいた。しかし、よく考えてみるとどうもそうとばかりは言い切れないような気がし出した。たとえば私の小僧時代、カフェーの女給さんはエプロンがけに髪は耳かくしというのが流行だったが、いまどきそんな格好で銀座を歩いたら、あまりに古典的すぎて気違いじゃないかと思われてしまう。つまりデザインというのは芸術と違って過去も未来も悪くたってかまわない。ただ現在の人にのみアピールすればいいんじゃないかと考えた。

それなら私は人なみ以上にいろいろな方面に手を出し遊び歩いてもいる。おでん屋ではノミやシラミのようにのれんに頭をかくし、しりを出して酒も飲み、大衆の心は人一倍理解しているつもりだとうぬぼれていたから、そういう意味のデザインならおれもできると思って始めたのである。ところがカブ号のデザインを作ってみると案外の好評だったので、これならいけるぞと、この考え方に私はいっそうの自信を持つようになった。大衆はデザインを自分で考案しないが、すぐれたものをかぎわけ理解し、選び出す力を持っているのである。

私は寝ていてもいいデザインが頭に浮かぶと、どんな深夜でもすぐ紙とえんぴつを持ってこいと女房にどなる。ある冬の夜のこと、私は寝室にはいってから考えごとをしていた。だが中華ソバ屋のチャルメラの音がどうにも耳についていけない。ソバ屋も商売、売るためには笛も吹かねばならないだろう。私は女房を呼んでその夜なきソバ屋が持っていたラーメンを全部買い取ってしまった。チャルメラの音が響かなくなったのはもちろんである。

昭和二十七年（一九五二年）に私は小型エンジンの発明で藍綬褒章をいただいた。私は百五十にのぼる発明くふうの特許を得ていたのだが、受章の話を聞いて「政府にもなかなかそそっかしいやつがいるもんだな。おれのような人間を選ぶなんて……」と笑っていたところ、陛下にお会いするのだからモーニングを着用して来るようにと宮内庁からいってきた。もともと私は背広さえ持っていなかった。その人間がモーニングなど持っているはずがない。しかも私は表彰される側なのだから、何もそう堅苦しい思いをする必要はないと思った。そこで

「冗談じゃない。モーニングだけが礼服ではない。われわれにとっては、ふだんの仕事着こそ最もりっぱな礼服であるはずだ。もしモーニングでなければいかんというなら、そんなものはいらない」とゴネた。担当の通産省のお役人は困ったらしい。「私の方でなんとかモーニングをそろえておくから、当日はぜひそれを着て出席して下さい」と頼まれた。

本心はモーニングがないからゴネただけのこと、そこまで言われては着て行くよりほかない。当日は藤澤専務がくめんしてくれた窮屈な借り物のモーニングを着用に及

んで出かけた。私がモーニングを着たのはこれが生まれて初めてだった。だが、そのときの記念写真はなかなかピッタリととれていて、とても借り着とは思えない、よく似あうと知人に笑われた。

藍綬褒章の授章式後、高輪の光輪閣で高松宮が晩さん会を開いてくれた。参加した受章者は老人ばかり、四十六歳の私が最年少者だった。そのとき高松宮は私に向かって

「本田、発明・くふうというのはずいぶん骨のおれることだろうな」とねぎらわれた。だが私はこうお答えした。

「殿下はそうお思いでしょうが、私にとっては好きでやっているのですから全部苦労とは思いません。世に言う〝惚れて通えば千里も一里〟というやつで人さまが見れば苦しいようでも本人は楽しんでいるのですから、表彰されようとは夢にも思っていませんでした」

このときの「惚れて通えば……」というのも即座に出てきたたとえだったが、殿下にはよく理解できたかどうか。帰宅後、女房にその話をすると、私にまたうわ気の虫でも出たかとひどくしかられた。しまったと思ったがもうおそい。思わぬ伏兵に私はたじたじとなり、弁解にひと汗かいた。

文化勲章はじめいろいろな褒章制度があるが、過去の貢献に応じてくれるからだろうが、受章者というとどうもこっとう品的老人が多過ぎる。将来もっと伸びる見込みのある若い者にやれば、たとい失敗はあっても大いに励みになる。その方がどれほど世間に貢献するかはかり知れないと思う。この点高松宮も同意見で、出席者の顔ぶれをごらんになると

「なんだこっとう品ばかりじゃないか。もっと若い人にくれるべきだね」と開口一番言われた。居並ぶお歴々も思わずにがい顔をしていたが、殿下にはこうした進取の面が多分にあるようで私はそのような殿下に心から敬意を表している。このときを機会にその後、汽車の中、飛行機の中などでときどきお会いするがそれから数年後の自動車ショーにみえられたときもこう言われた。

「日本の大臣とかおえらがたは、国産品愛用なんて言ってあんな性能の悪い国産車に乗ったりするからいけない。こんなものには乗れないと突っぱねれば一生懸命に研究するから、日本の自動車ももっと進歩するだろう」

まさに正鵠《せいこく》を射た考え方だと思う。

この間も埼玉工場に十時におみえになる約束だったので、私は十五分前に行っていればいいだろうと出かけてみたら殿下はもう一人で来ている。会社の者があわを食っ

てどぎまぎしているところへ私が行きついた。「あれ、殿下もう来ちゃったの。約束と違うじゃない」こういった調子である。すると「うん、きょうはすいていたので案外早く来ちゃってなあ」と言われたので、みな肩の荷をおろしてホッとしたことがあった。

このとき殿下がオートバイを見ながら「ぼくも子供のとき、これがほしくてハーレーとかインディアン、トライアンフなどのカタログを外国から取り寄せて研究していたが、とうとう買ってもらえなかった」と、さも残念だったように昔をしのんで話された。私は「そうでしょう。殿下は貧乏人の家に生まれましたからね」と言うと大いに笑われた。

9　不況下、不眠不休で代金回収

世間では本田技研といえば株価が何倍になったとか言って、いかにも順風満帆で今日まで何事もなくきたかのように思っている人が多いが、やはり企業の存立にかかわるような苦しい時代を経てこそ今日があったのである。

二十六年（一九五一年）ごろ、輸出振興と合わせて輸入防止を政府に頼むため民間業者の会合があった。だが私はそれに参加しなかった。輸出を政府に頼み、そのうえさらに輸入防止まで依頼しようという安易な道を選ぶことに強い反発を感じたからである。これはわれわれがあくまで技術によって解決すべき問題である。日本の技術がすぐれて製品が良質であるなら、だれも外国品を輸入しようとは思わない。また黙っていても輸出は増加するはずだ。そのとき私は〝良品に国境なし〟のことばを身をもって実現しようと決心した。技術を高め、世界一性能のいいエンジンを開発して輸入を防ぎ、輸出をはかろうというわけである。

だが、無手で技術のすぐれたものができるはずがない。「弘法は筆を選ばず」という格言があるが、字を書くくらいならそれもできよう。しかし、現今の日進月歩の技術の世の中では、やはり筆を選ばなくてはならない。どんないいアイデアがあっても、それを表現する道具を持ち合わせていなくてはどうにもならない。マスプロ化ということになると、いっそうその必要性が高い。そこで、どうしてもいい外国の機械を輸入したいと考えた。

当時は米国の援助資金は、高級外車とかウイスキー、化粧品など非生産的な消費財にばかり振り向けられ、生産面に寄与するものはほとんど輸入されていなかった。私はこの際生産機械を輸入すれば、たとい会社がつぶれても機械そのものは日本に残って働くだろう。それならどっちにころんでも国民の外貨は決してムダにはなるまいという多少感傷めいた気持ちもあった。

いずれにせよ、このままでは世界の自由化の波にのまれてしまうことは必至である。世界の進歩から取り残されて自滅するか、危険をおかして新鋭機械を輸入して勝負するか、私は後者を選んだ。ともに危険である以上は、少しでも前進の可能性のある方を選ぶのが経営者として当然の責務であると判断したからである。こうして当時わずか六千万円の資本金しかない会社がストロームという自動旋盤やその他の工作機械をスイス、アメリカ、ドイツなどから四億円も輸入した。

ところが運悪くも、これが二十八、九年（一九五三—五四年）の不況時にぶつかってしまった。もともとだれの目にも冒険と映っていた輸入である。銀行が買い入れ資金を貸してくれるはずがない。そこで手形つまり時間を使ってこの苦境を乗り切ることにした。できた製品を売るそばからどんどん代金を回収して、買い入れた機械の代金を払い込む方法である。それが不況とかち合ったものだから、藤澤専務は文字通り不眠不休で金策に飛び歩いた。

こうなった以上、私に残された道はただ一つ、ただしゃにむに前進あるのみだった。

「ホラ見ろ、本田のアプレが始まった」とかなんとかジャーナリズムにたたかれながら、一日でも早く金をかき集めて払うより道がない。このとき藤澤専務が考案した販売方法というのは製品出荷後十数日で代金を全部回収するというやりかたである。しかも七十五％は現金、あとは手形だが、それも問屋手形でなく、ユーザー自身の手形を問屋、代理店が裏判したものが会社にくる。現在とっているこの方式のもとは、この苦闘時代のたまものである。

私はすぐかねの取れるいいものを作ることに専心し、専務は早く代金を回収できる

工作機械輸入を決断した本田は、昭和27年（1952年）11月、アメリカに旅立った。

方法を考えた。全社一丸となってこの不況を乗り切ろうと努力したが、その努力が理論的にもっと資金を早く回転する方法とか、時間を大事にするくせとなって現われた。本田技研の基礎はこのときに固まったといってさしつかえない。

外国から機械を輸入する場合、それが日本の会社なり工場なりに到着してから、技術屋がインストラクション・ブック（説明書）と首っ引きで扱い方などの技術をおぼえるのが普通である。だが、そんなことをしていたのでは借金で買った機械の償却がおそくなる。そこで、機械据え付け工場の地盤を前もって整備し、機械がはいったその日からスイッチを入れ機械を動かす状態にしておくよう努力した。これまで扱ったこともない精密機械となるととおりいっぺんの予備知識では動かない。それをガムシャラにマスターさせた結果は、その後の生産技術のレベル・アップに非常に役立った。

このことは輸入品だけでない。他の協力企業から部品を買い入れる際にも、たとえばカーボン含有量などもあらかじめ規格を設けておき、納入の際すぐ検査して入れるようでないと機械はすぐ回らない。そこで納入元の工場のレベルも上がった。

こうして機械を高度に動かし、一日も早くペイすることに専念したのである。これが、うちの会社が時間をやかましく言い、大切にする習慣をつくるもととなった。

こうして新機械輸入によって成長を試みた二十八、九年ごろの藤澤専務の苦労はひどいものだった。私は技術上の仕事をしているのであまりこたえなかったようなものの、彼はいまだに当時の苦しさを述懐する。彼の話によると、それはちょうど竹のふしのようなものである。竹は温暖なところではふしとふしの間がのんびりと伸びてしまうので、強風や雪にあうと折れやすい。しかし風雪に耐えうる竹はふしとふしとの間がせまく、ガッシリと育って強くたくましい。二十八、九年の苦しさというものは、非常に大きなふしの時期であったというのであり、私もまさにそのとおりだと思う。

10 国際レースに勝ち世界一へ

さて、英国のマン島では毎年世界各国の優秀なオートバイ関係者が集まり技術を競うTTレース（ツーリスト・トロフィー・レース）というのがある。四百二十キロを一気に突っ走るたいへんなもので、ここで優勝することはオートバイ関係者の夢であり、誇りともなっている。そこで私もこのレースにいどもうと決意、二十九年（一九五四年）三月、このレースに参加する旨、代理店の人たちに宣言した。

これは二つの意味があった。一つはこのTTレースに参加して優秀な成績を得ないかぎり、世界のオートバイ市場をイタリア、ドイツなどから奪い取ることは不可能であり、先に私が目標を決めたような技術のレベル・アップによる輸入防止の念願達成はできないということ。もう一つは、少しセンチメンタルかもしれないが、敗戦直後の日本人の心にほのぼのとした希望を与えてくれた古橋広之進選手の水泳における大活躍を思い出したのである。

汽車の窓ガラスを破って乗り降りしたようなあのすさんだ時代に、彼の世界一の記録はどれほど国民を慰め勇気づけたかしれない。私には古橋選手のような体力はないが技術というものを持っている。技術つまり頭脳による勝利がどんなに日本人に大きな希望を与えることか、ことに若い層に与える影響は大なるものがあろう。しかもダイナミックなグランプリ・レースだから、ここで優勝すれば輸出が有利になるのもさることながら、日本人としてのプライドを持たせることができると考えた。

英国マン島のＴＴレース。

　そこで、二十九年六月、ようすを見に英国のマン島に行ったのだが、私はこのレースを実際に見てビックリした。ドイツのＮＳＵ、イタリアのジェレラーなどという優秀なレーサー（競走車）がものすごい馬力で走っている。同じ気筒容量でも、当時私の作っていたオートバイの三倍もの馬力である。これはえらいことを宣言してしまった。希望が達成されるのはいつの日のことやらと半ば悲観し、半ばあきれてしまった。

レースを初めて見てビックリするやら悲観するやらの私ではあったが、すぐ持ち前の負けぎらいが頭をもたげてきた。外人がやれるのに日本人にできないはずがない、そのためには一にも二にも研究をしなければと考えて、帰国後さっそく研究部を設けた。

このとき私は英独仏伊など、オートバイ先進国を歴訪して日本になかったレース用のリム、タイヤ、キャブレターなどの部品をごっそり買って持ち帰った。その姿はさながら競輪選手の旅行みたいなもの、はたから見ればおそらく珍妙な格好に映ったに違いない。さあ帰国という段になって、とうとうローマの空港で問題になってしまった。

飛行機は荷物が三十キロをこえると一キロにつきいくらと高い割り増し金をとられると聞いていたし、手持ちのドルは部品購入にほとんど使ってしまった。そこでホテルで苦心して三十キロに荷造りし、リムやタイヤなどは自分で背負い、重い金物などはフランス航空でくれたカバンにつめて空港をパスしようとした。ところが空港では、その手持ちカバンも計量するという。これを合わせると四十キロぐらいになってしまう。電報できょう帰国と打ったあとは一文も持っていない。これは困ったことになったと非常に弱った。

「来るときはバッグははからなかったのに、どうして帰りははかるのか」と抗議しても、検査員はトータル・ウエートだからといってがんとして聞かない。「トータル・ウエートなら、あの婦人はなんだ。飛行機の座席にはまらんぐらい太っているじゃないか。あれはおれのトータル・ウエートよりずっと重いのにちゃんとパスしているではないか」と逆ねじを食わせたものの、相手は規則は曲げられないの一点ばり。

ここで飛行機に行ってしまわれてはたいへんなことになる。えらいことになってしまった、なんとかならないかと、考えに考えたすえ、離陸直前の飛行機の前で超過したカバンを開きカラッポにしてしまった。そして中にあるオーバーやら何やら身にまとえるものはなんでもまとい「さあ、これならどうだ」とやった。これには検査員もビックリした。とうとう「それならいい」と言った。「それならいいとはなんだ。結局トータル・ウエートは同じことじゃないか」とおこってみたがはじまらない。七月二十日のローマの熱暑の中で、着ぶくれにふくれ上がった私はフラフラになった。そしてこんどはまた荷物をもとのカバンに詰めもどしだ。ホテルで一晩がかりでギッシ

昭和36年（1961年）ドイツグランプリ・レース、250ccで優勝した日本人ドライバー。

りつめたものがそうたやすくはいるはずがない。暑いし、気がせく。あれほど困ったことはない。

このがんばりもＴＴレースにどうしても勝つのだという一念があったからこそである。ローマは一日にして成らずというが私は奇しくもそのローマで大汗をかかされたのだった。こうして苦労して持ち帰った部品が、その後大いに役立ったことはいうまでもない。

帰国後設けた研究部は、それまで製作所などに設計課として分散していたものをまとめたもので、三十二年（一九五七年）六月に技術研究所として統合し、さらに三十五年（一九六〇年）七月、株式会社本田技術研究所として独立した別会社にしたわけだがこれもＴＴレースが動機で、研究を徹底的に進めようという考えから出発している。その研究の結果、三十三年に二気筒百二十五ｃｃ、四気筒二百五十ｃｃのレーサーが完成した。そこで翌三十四年六月に百二十五ｃｃでＴＴレースに初参加したが、このときは六着に終わった。だが初陣に六着は優秀な成績だった。その後、ついに昨三十六年、ＴＴのグランプリレースに優勝、最優秀賞を獲得したほか、スペイン、フランス、西独各地で行なわれたグランプリ・レースでも優勝、ここに初志どおり世界一のオートバイを作り上げる野望をとげることができた。

11　米国並みの研究費をつぎこむ

三十四年（一九五九年）六月、私は輸出伸長をはかるため、ロサンゼルスにアメリカン・ホンダモーターを設立した。五十万ドルの許可が大蔵省からおりたとき日本人を連れて行く話が出た。理由は日本人の方が気心が知れていて仕事がやりやすいし、給料も安くてすむというところにあった。だが私はこの話に反対した。

米国に行って米国人なみの給料が払えないようじゃ商売はできない。それでは日本人を搾取する以外の何ものでもない。日本人を連れて行ってジャパニーズ・タウンを作るのもいけない。米国に進出する以上、その土地の人を使って、かの地から喜んでもらうようにすべきだ。だからまず土地を買って建物を作り、どっしり腰をおろして商売にとりかかろう。これがオーソドックスな商売成功法である。こうして現在向こうに行っている日本人はわずか五家族っきり、百五十人からの米人セールスを使ってりっぱに成功している。

アメリカ・ホンダを設立するときの話にこういう経緯があった。これまでにオートバイを売ったことのある店を代理店にしようと頼みに行き七千五百台ぐらい売ってほしいとこちらの希望を話した。すると相手は「いい数字だ。それくらいなら売れるだろう」と意見の一致をみた。ところがいろいろ話しているとどうも食い違う。よくよく突っ込んで話してみると向こうは年間売り上げのつもり、こっちは月間売り上げのつもりだった。「毎月七千五百台！　それはとても無理だ。とんでもない！」いっぺんに拒否されてしまった。これはこの男の頭がこれまでのオートバイの既成観念にとらわれていたからである。米国には昔からインディアンなどすぐれたオートバイがあったのに、それが自動車の普及につれていつしかつぶれてしまうところまでできた。だが現在の米国ではオートバイの乗り方が昔とは違ってきている。昔のように実用的な用途で乗り回す姿はほとんど見かけなくなり、半面純粋にレジャー用品として見直され喜ばれるようになっている。一方、自動車は完全に輸送機関の一つであってレジャーではなくなった。交通の混雑は自動車を苦痛とさえ感じるようになった。目的地まで自動車にオートバイを積んで行き、そこで家族みんながオートバイに乗り換えて自動車のはいれない所、道のない所に行き、あるいは釣りを楽しむ。だからオートバイは自動車に駆逐されるものではなく、自動車の次にくるレジャー品である。

こういう目的に適した構造、スタイル、性能を備えた現在のオートバイと昔のとではおのずから違うわけだ。もっとポピュラーに女子供にも楽に乗れるように設計してある。

この現実にもとづいて、アメリカ・ホンダではいっそのことと思って、オートバイ販売の経験のない運動具店や釣り具店にやらせたり、ある州では直営店を設けた。そしたらどんどん売れ出した。こうなると販売希望者がどっと現われ、現在米国にあるホンダの代理店数は五、六百店にもなった。いま作っている月産十万台のオートバイのうち、約二万台、三百万ドルを輸出しているが、そのうちアメリカ・ホンダのある米国が最高のお得意先となっている。既成観念にとらわれることほど人の考えを誤らせ、道をとざすものはない。

三十六年（一九六一年）六月、こんどは西独のハンブルクにヨーロッパ・ホンダを設立した。ここでも米国と同じ理由で日本人はたった二人だけ、あとは全部現地人を採用した。さらに、ことしの正月から七、八人の調査団を派遣してEEC（欧州共同市場）への進出地点を調べさせていたが、その結果ベルギーの首都ブリュッセル西方二十キロの地に現地工場を建てることにした。認可もおりたので七月十八日関係者が渡欧、三十八年二月から月産一万台の本格的生産にはいる計画でいる。

ベルギーでの現地工場建設は、ＥＥＣのどまん中に乗り込んだことになる。そこで西独やイタリアの業者は非常に脅威を感じて見守っているが、私はすべて思想によって技術をみちびく方針をとっている。つまり、技術よりも思想を先行させるのである。たとえば、こんどは利用者の好みも体格も規則も違うのだから、いままでのと全く違った新しいデザイン、構造でのぞまねばダメだ。

ベルギーでどんなオートバイを作ったらいいか、その設計中にこんなことがあった。ベルギーはほこりが少ないから空気清浄器は不用だという結論が出たとき、私は即座に反対して変更させた。

いったいベルギーに工場を建てるのはベルギーのかねを日本に持ってくるためだろうか。そんなケチな了見ではベルギーの人たちにきらわれ海外企業は成功しない。現地に工場を建てたからにはまずその土地の人を富ます方法を考えねばならぬ。そうすればベルギーからオランダ、ルクセンブルクなどのベネルックス三国はじめＥＥＣ諸国にもどんどん輸出できるようになる。またベルギーはアフリカに非常な権益を持っており、アフリカへ輸出することも当然考えねばならぬ。とすれば日本よりほこりっぽいアフリカに適するもの、つまり空気清浄器は絶対に必要不可欠なのである。こういうところに単なる技術でなく、それを指導する思想が必要なのだ。

前にもちょっと述べたが、三十五年（一九六〇年）七月に私は本田技術研究所を独立の別会社として設立した。すべて研究というものは失敗の連続であり九九％以上は失敗と覚悟しなければならない。そういうものを本田技研工業というあくまで生産オンリーで利潤を追求する会社の中に置くと、どうしてもママッ子扱いされがちになる。それではりっぱな研究を続けることができないので別会社にしたのである。

もう一つの理由は生産の流れの中にはいっていると組織というものを非常に大事にするが、研究所は組織よりも個人の能力を発揮させることが大切であり、問題である。とすれば当然組織も生産会社とは違ってこなければならないからである。

つまり研究所は本田技研の売り上げの三％（年間二十億円）をもらってその見返りに青写真を本田技研に売る。もし研究所のミスによって技研が損をした場合には全部研究所の責任においてそれを負担するしくみであり、博士養成を自慢している他の研究所とは大いに違う。研究員は現在六百六、七十人おり、毎月約一億八千万円ぐらいの経費を使って運営されている。研究費の額は米国の場合、売り上げの三・一％、西独が二・四％、日本はコンマ以下でその代わり交際費が多いという話を聞く。私のところでは交際費はきわめて少ないが研究費は米国なみである。いや、研究というものは資材などよりも人件費に比重がかかるものであるから、米国より人件費の安い日本での三％という数字は、実質的には米国を上回るわけである。

三十五年八月三重県に鈴鹿製作所を建設した。私と藤澤専務が鈴鹿市長に会って風水害にもだいじょうぶな高台を選定したのが前年の八月、それから一年後には操業にはいっているという突貫工事だった。浜松工場もそうだが無窓、無じん、冷暖房のエアコンディション完備の工場である。重役室は冷暖房しても機械工場にエアコンディションなど不用という人もいるが、じんあいに対してそんな神経ではりっぱな技術が発揮できるわけがない。また働きよい環境にするのは経営者の義務でもある。

12 社内にしみわたる理論尊重の気風

世間では本田はアプレだなどというが、外からはあぶなそうに見えてもそこは非常に慎重にやっている。よその会社は工場を先に作ってから品物を作りはじめるが、私は品物を作ってみて、これなら売れるという見通しがついたとき一気に資本を投下する。鈴鹿に工場を建てたときも、いま市場に出回っている五十ccのスーパー・カブが完成し、これなら絶対に売れる、二年半か三年でモトがとれるという自信が、各種のデータを検討の結果持てたので踏み切ったのである。

一例をあげると、全国に二、三か所モデル販売地区を選び、新製品をここに集中的に配車し、その結果を検討した。こうすれば全国では何万台売れるかという見通しが立つ。そのような見通しを得てから鈴鹿市と土地交渉にはいった。

ここは元鈴鹿海軍工廠跡で、工場敷地としては最適地であるが、この工場建設について私や専務はいっさい口出しをせず、決めたのは土地だけ。若い者の創意と生命力に強く期待してちゅうちょなくこの大事業のすべてを彼らにまかせる気になり、〝全社員の創意くふうで鈴鹿にモデル工場を作れ〟と指令を出した。すると平均年齢二十四、五歳の連中が各職場からチエを出してきた。建築関係者は建物について、技術研究所の連中は技術的なアイデアを、というぐあいにそれぞれの技能、持ち場に応じて適切なアイデアを出し合い、ついに百億円に近い大工場を無事完成させたのである。鈴鹿製作所は若い人たちの集大成であり、世に誇りうることと思う。

一方、カブの大量生産に備えてどこをどうすればもっと安くできるかと製品についてのアイデアも徹底的に提案させた。だから鈴鹿でカブの生産が始まったときには初めからスムーズにすべてが進行、カブの生産費は大幅に引き下げられた。コストは安くなっても売り値はくずさない。だから当然利幅が多くなる。これでもうからなければどうかしている。百億円の大工場がわずか二年半でペイされている。経理も機械類はだいたい四年で全部減価償却までやってしまう方針をとっている。

私は若い人たちを高く評価している。私に言わせれば「若いやつはアプレで困る」という人がいるが当の本人はどのくらい古くさい思想の持ち主であるか身のほど知らずだと言いたい。としよりは自分たちのやったことをよく反省し、現代に合致しているかどうかを考えたうえでなければ若い人を批判する資格はない。私は一見とっぴなことをやっているようでも、どんな場合でも絶対にスジを通す。もし意義さえあれば十三日の金曜日だろうが土曜日でもかまわない。ただばくぜんと人さまがやるからおれもやるというやりかたはしないのだ。だから理論尊重の気風が会社にしみわたっている。

理論尊重の気風は本社の創立(昭和二十三年＝一九四八年)十周年記念の際にも現われた。ただ十年たったから記念するというのでは、つぶれかかった会社でも乞食でも十年たてば記念式というおかしいことになる。記念する以上何かひとつでも世間のお役に立ったという実例がないかぎり記念らしくないという提案が下部からあった。

私の会社は昭和二十七年に百万ドル以上の機械を輸入したが、この外貨は本来国民のものである。それを使う以上義務が生じている。この義務をなしとげたときお祝いをする権利もでてくるということになり、結局輸出が百万ドルをこし輸入外貨を取りもどした十一年目になってはじめて新宿コマ劇場を借り切り、全国から社員を呼び寄せて盛大な記念式をあげた。

貴重なドルを使う以上、経営者はそれに責任を感じ輸出につとめていれば、輸入超過で国際収支が赤字だと騒ぐこともないはずである。今日の不況は経営の理念を失った大会社の経営首脳の責任だと私は言いたい。

昨今、景気がだいぶ悪化して日本の代表的な大企業までが生産調整をして四苦八苦している。だがいまごろ生産調整なんて言っているのは間抜け過ぎるというものだ。本田技研は一年以上も前の三十六年（一九六一年）三月には生産調整を断行している。そのとき世間からは何かと非難されたが、私はちゃんとした見通しをもって行なった。〝アプレ本田〟がめくらめっぽうにしたものではない。

つまりドル防衛で米国経済が変調を来たして日本にも影響しそうな気配があり、それに三十五年から三十六年正月にかけての大雪で日本中の三分の二が交通マヒを起こした。そんなこんなで売れ行きがかんばしくなかった。そこでこんなときにこそ生産調整すればいいんじゃないかと考えた。われわれの企業は受注生産でなく見込み生産である以上、作り過ぎて売れなければ調整するのはあたりまえ、調整しない方がかえっておかしい。

だが生産調整となるといつやるかが非常に問題である。二月にやればまだ寒い期間も長く、代理店は先行き不安を感じるがそろそろ暖かい季節に向かい、景気もよくなりそうな時期を選んで調整すれば代理店もそうひどい恐怖心をもたないですむ。そこで二月は強気で押し通し三月にはいってからやろうと考えた。これはあくまで代理店の気持ちを考えたうえでの決定だった。

そこで五日間の生産調整をすることを決めたが、実施まで約一か月間ある。その間にどういう手を打ったか――私の会社は急激に増産したため、そのとき機械や部品にたくさんのアンバランスが目立つようになっていた。下請けの能力差による精度の違いとか値段の高低などもあった。それらを徹頭徹尾洗い上げて、全社員がこの五日間の生産調整期間中にその不合理を是正するようあらかじめプランを練っておいたのである。

だから生産調整といってもその日がくるとだれも休業どころではない。日ごとのおかしい点を全員が徹底的に直したのである。こうして機械の配置替えや手入れを終えて生産再開をしたときには、以前より質のすぐれた製品がしかも以前より低いコストでできるようになった。さらにおあつらえむきなのは他の企業は一般に好景気が吹きまくっていて生産増大の傾向が強かったから、私のところが操業停止をしても下請け業者の方でも全然苦にならなかった。

このときの調整ですっかり体制を整えたため、いま世の中が不況だといって騒いでいるさなかに、私のところは反対に増産に転じていられるのである。昔から言われているように、ヤリの名人は突くより引くときのスピードが大切である。でないと次の敵に対する万全の構えができない。景気調整でもメンツにこだわるから機敏な措置がとりにくいのだ。どんづまりになってやむをえず方向転換するのではおそすぎる。いなかの財産家がつぶれるときのやりかたがちょうどこれに似ている。まず蔵の中の物を人目につかないように売る。次に遠くの田畑を売る。最後の段階になっても家屋敷は人目につくので手放す前にこれを担保にして借金をする。だから生産がともなわない借金の利子を払っていよいよお手上げのときには、家財産はおろか残るものは借金だけというバカなことになる。

こういう愚劣なことをしている経営者が多いようだ。ふだんは経営者と従業員は一心同体だなどとおだてておいて、困ってくると旧軍隊のように転進とかなんとか言ってごまかし通そうとする。私はつねづね従業員は全部経営者である、だから経営に参加する権利と義務があると言っている。生産調整をしなくてはならぬようなときにも、はっきり実情と今後の対策を明示して全社員がいっしょに困難を克服することにしている。こういう姿が真の労使一体というのではないかと思う。

「私の履歴書」はこれで終わるが、私はまだ五十代の若さである。ほんとうの履歴書はこれから始まるといっていい。この手記は、いわば、人生の中途で、一本の里程標を記したようなものなのだ。しかも、事業家の立場から、自分の経営する事業の発展の経緯をごく粗《あら》くたどったものである。そこで、この稿の結びとして、いわば私の持つ人間感情の面から一言書き加えることを諒とされたい。

私はアプレ事業家などと言われているが、アプレもアバンもない、事業というものは、いうまでもなく世間の多くの人の支持がなければできるものではない。製品をこよなく愛してくれるお客さん、アドバイスを与えてくれた友人知己、ピンチの際にもよく力を貸してくれた銀行、協力工場、販売店、それに若き従業員たちの後ろ楯も忘れることはできない。

まず第一に、私は会社経営の根本は平等にあると思う。上役、下役の差別扱いもよくないし、エコヒイキにも気をつけねばならぬ。だから私は自宅へ社員は絶対にといっていいくらい呼ばない。家庭は一種の城であり城主は女房である。一部の社員を上役が自宅へ呼んだりすることはえてして閥をつくりやすく、会社運営のガンになりやすい。学閥、故郷閥——あらゆる閥はよろしくない。といっても、うちの会社にはたった一つだけ閥がある。それは小学校卒業という閥である。これならどんな人でも日本人であるかぎり、みな義務教育としてやってきた。どこからも文句の出ようはずがないのである。

よく私のことを陣頭指揮だなどという人がいるが、社長というものは重役会で決定したことが手順よく行なわれているかどうか全体を監督し、突発事故が起きたときにはよく対処されているかどうか、もし対処されていなければ役員に相談して適切な打開策を検討するのが役目である。それさえスムーズに行なわれていれば何も陣頭指揮などする必要はない。だから私は本社へもときたましか顔を出さないし、社長の実印も見たことがないから四角か三角かも知らない。

研究所で研究に没頭しているのは好きで、しかもいくらかなりと社のためにもなっているからである。イキ抜きにゴルフでもしたらとすすめてくれる人がいるが、私にとって機械いじり仕事がそのままレジャーなのだ。

この手記の新聞連載中に、私はいろいろな方からたくさんの手紙をもらった。激励あり、助言あり、思わぬ旧交をあたためるものもあって、私自身反省やら懐旧の情やらを味わう機会を与えられた。

私があまり景気のいい文句を書き並べたせいか、若い人の中には、私を独往邁進《まいしん》型の現代の英雄のように受けとっている人もいた。私の中のエネルギーを汲みとってくれるのはいいが、私は自分を決して英雄視しているのではない。私の英雄観を言えば、民衆の犠牲のうえに事を成した過去の英雄を私はとらない。たとえば西郷隆盛は、英雄ではあろうが、最後が気に入らない。どういう事情があったにせよ、万を数える貴重な青年の命を道連れにしたからである。

東京の世田谷に住むKという未知の婦人が手紙をよこして、自分は三年前から重症精薄児の収容施設を経営しているが、あなたの奮闘を読んで、その増設拡張に踏みきったといってきた。この手紙に私は全く心をうたれた。自分の追憶話がこういう形で生きていることに感動した。そして、こういう人こそ現代の英雄だと思ったのである。

もう一つ、私はずいぶん無鉄砲な生き方をしてきたが、私がやった仕事で本当に成功したものは、全体のわずか一%にすぎないということも言っておきたい。九九%は失敗の連続であった。そしてその実を結んだ一%の成功が現在の私である。その失敗の陰に、迷惑をかけた人たちのことを、私は決して忘却しないだろう。

人生というものは、最後まで行かぬと成功だったか失敗だったかはにわかに断じ難いものである。西郷を再び引き合いに出せば、彼の偉大さとは別に、その最後が、私には疑問なのである。二輪車だけでなく、四輪車や飛行機の開発など、私の将来への夢はつきないが、これとても最後までやってみなくてはわからない。飛行機だって、肝心の着陸のときになって事故を起こし、多数の人に迷惑をかけたのではなにもならない。人間の一生も功と罪とで評価すべきで、私の死んでから受ける評価が、ほんとうの「私の履歴書」であろう。

第二部　履歴書その後（一九六二年―一九九一年）

1　疾風怒濤の十年

「棺を蓋うて事定まる」という。人物の真の評価は、死後になってようやく定まる。

本田宗一郎も第一部の連載を「私の死んでから受ける評価が、ほんとうの『私の履歴書』であろう」と結んでいる。また「私はまだ五十代の若さである。ほんとうの履歴書はこれから始まる」とも書いている。

前者は自らを戒めた言葉であり、後者はちょうど脂の乗りきった経営者として、内に秘めた野望と自信をほのめかしたものである。そして、自戒は杞憂に終わり、野望は見事に実現した。

「棺を蓋うて」後に、本田宗一郎の評価はますます高まったのである。

「私の履歴書」を日本経済新聞に連載したのは昭和三十七年（一九六二年）八月、時に本田五十五歳である。社長を辞任して経営の第一線を退いたのが六十五歳。その間の十年、本田の事業家人生にはひと山もふた山もあって波乱万丈。まさに、疾風怒濤の十年だった。
「私の履歴書」以後の十年の本田を追ってみよう——。

四輪乗用車へ

一九六二年は第二次池田内閣の時代。高度成長が軌道に乗り、人々の暮らしに余裕ができたころである。週休二日制が打ち出され、レジャーブームが起こった。この年の三月にはNHKテレビの受信台数が一千万台を突破し、普及率も四十九％になった。東京の人口も一千万人を突破、十二月には首都高速一号線の京橋—芝浦間が開通、都内ではスモッグによる大気汚染が問題になった。

岩戸景気の反動で一時的不況の局面を迎えていたが、本田技研工業（以下ホンダ）はいち早く「生産調整」に踏み切り、次なる飛躍に向けて腰をためていた。

四輪車、つまり乗用車への進出である。

「履歴書」では「私の将来への夢」とさりげなく一言触れただけだが、実はこのころ、準備は佳境に入っていた。一九六二年という年は、本田の人生にとっても日本の自動車産業にとっても、大きな節目であった。

「子供のころに、T型フォードが走っている後を追いかけながら、地面にこぼれたオイルに鼻をくっつけて、においをかいで刺激されたことが、今日のクルマづくりにつながっているんだ」――。本田はアメリカの自動車殿堂入りを果たした一九八九年十月に、こう語っている。

「私の履歴書」の連載に先立つ二か月前の六二年六月、本田は建設中の鈴鹿サーキットで行われた販売店総会で一大デモンストレーションを演じた。真っ赤な車体、白く縁取ったタイヤのオープンカー。できたばかりの軽四輪スポーツカーS360を自ら運転し、会員が居並ぶメーンスタンド前を颯爽と走りぬけたのだ。

会場は万雷の拍手にわいた。この日、軽四輪トラックも展示され、二輪を制したホンダが四輪に進出することを身内にアピールした。本田が夢にまで見た四輪進出の船出であった。

これに先立つ五五年、政府は「定員四人、時速百キロ、価格二十五万円」の国民車育成構想を打ち上げた。本田は五八年、技術研究所に四輪開発のための部署を新設した。選ばれたメンバー七人の中には、飛行機や二輪車の開発を手がけた中途採用の技術者もいた。

彼らが手がけたのは、国民車構想に沿った軽四輪車だった。五九年に試作車が完

第9回全日本自動車ショーに展示されたS360のまわりには、黒山の人だかりができた。昭和37年（1962年）。

成、テストを繰り返している時に、本田からスポーツカーをやってみろという指示が出た。本田は政府から補助金をもらって既存メーカーの後追いをするよりも、まず世界に通用するスポーツカーを開発しようと意気込んでいたのだ。

副社長の藤澤武夫は当時の市場ニーズ、ホンダの実力から、軽四輪トラックをまず商品化すべしという現実路線を主張した。その結果、開発現場は四輪トラックとスポーツカーという二兎を追うことになった。

本田自身も「自動車はあらゆる

点で絶対の自信と納得を得るまで商品化を急ぐべきではない」（五九年）と慎重だった。だが、乗用車をめぐる情勢は彼らの予想以上に急を告げていた。

通産省に反旗

貿易自由化をひかえて、通産省は六一年五月、自動車行政の基本方針（後の特殊産業振興臨時措置法案、いわゆる特振法）を示した。

国際競争力の弱い自動車、特殊鋼、石油化学の三分野を特殊産業に指定し、行政主導で黒船襲来に備えようというものだ。自動車業界については、乗用車への新規参入をストップしたうえで、既存メーカーを集約して過当競争を押さえ、量産効果をあげることを狙った。

具体的には、輸入自由化を六三年からとし、国際競争力強化のために自動車会社を①量産車グループ（トヨタ、日産、マツダ）②高級車、スポーツカー、ディーゼル車などの特殊車グループ（プリンス、いすゞ、日野）③軽自動車グループ（富士重工、マツダ）――の三グループに集約する。加えて、新規参入は通産省の許可制とするという、統制色の強い政策だった。

既存の完成車メーカーを集約しようというのだから、新規参入の許可制とは「新規参入は認めない」と同義である。法案成立までに生産実績を作っておかなければ、四輪車進出の機会を永遠に失うことになる。

「新規参入を認めないとは何事だ。役所にそんな権限はない」。

本田は六二年一月に研究所にスポーツカーの製作指示を発した。完成目標は鈴鹿サーキットのお披露目に合わせた六月。スタッフは不眠不休、若さと体力でお披露目の前夜にどうにか完成させた。

赤でいくぞ！

当時、日本国内で販売する自動車の車体色に真紅や白を使うことは、消防車、救急車、パトカーなどと区別するために禁じられていた。しかし、派手好みの本田は技研開発課長の秋田貢を呼びつけ、大声でこう命じた。

「今度出す車は、赤でいくぞ！」

「正直なところ、ゾッとした」と秋田は振り返る。

その日から秋田は、赤色の使用許可を得るため運輸省へ日参した。「担当官はとりつく島もない。帰る足取りも重く、本田さんと顔をあわせるのがつらかった。しばらくそんな時期が続いた後で、本田さんが朝日新聞のコラム欄などを通じて、『赤はデザインの基本になるものだ。世界の一流国で国家が色を独占している例など聞いたことがない』、と主張した」

やっと認可がおりて秋田が報告に行くと「おう、そうか」と一言だけ。いつものように、本田は大げさにほめることはない。事実、本田にとってはこの許認可案件は氷山の一角に過ぎなかった。目標である四輪進出に立ちはだかるのは、「国益」「国策」を錦の御旗に振る、官僚という巨大な権力機構だった。

新車開発の実績を世間にアピールするホンダと、それを無視しようとする通産省の駆け引きが始まった。

駆け引き

この年、アメリカは自動車、コンピュータ、ＩＣ（集積回路）について貿易自由化要求を突きつけてきた。政府は自動車行政の基本方針を「特別産業振興臨時措置法案」（特振法）にまとめて六三年三月に閣議決定し、国会に上程することとした。

この特振法を立案、推進したのが、一九六一年に通産省の企業局長になった佐橋滋である。佐橋は大臣官房秘書課長時代、慣例にとらわれない人事を行って頭角を現し、持ち前の親分肌で省内を牛耳った。外資を敵視して通産省に民族派を形成、豪腕ぶりで知られた異色官僚である。官民協調路線による企業の集中で、日本企業の国際競争力強化の路線を打ち出した。

本田は本能的な競争好きであり、統制嫌いである。自らも携わった軍需工場の経験から、軍の保護にすがるだけでは革新もアイデアも生まれないという信念を持っていた。「戦争時代じゃあるまいし、わたしゃ国のためには働かないよ。自分のために全力で自動車をやりたいんだ」とうそぶく。

自力でオートバイで世界を制した経験から、「政府が介入すれば企業の力は弱まる。貿易自由化には自由競争が一番だ。参入を制限しても、良品に国境なし。良い製品は売れる。自由競争こそが産業を育てるんだ」と、特振法案に真っ向から立ち向かった。

「本田さんが折りにふれて発言した内容が新聞記者を通じて通産省に伝わり、それが佐橋さんの耳にも入って、本田さんの動向が彼を刺激していました」と、佐橋の部下だった赤沢璋一元重工局長は述懐している。

一方、本田も「どうにも納得できないということで、僕も暴れたわけで。特振法とは何事だ。おれにはやる権利がある。既存のメーカーだけで自動車をつくって、われわれがやってはいけないという法律をつくるとは何事だ。自由である。大きな物を永久に大きいと誰が断言できる。歴史を見なさい。新興勢力が伸びるに決まっている。そんなに合同（合併）させたかったら、通産省が株主になって、株主総会でものを言え、と怒ったのです。うちは株主の会社であり、政府の命令で、おれは動かない」と当時の主張をテレビ番組（九五年）で回顧している。

六二年十月、東京・晴海で開催された第九回全日本自動車ショーは入場者が百万人を超し、本格的なモータリゼーションの到来を示した。ホンダはここで初の四輪車であるスポーツカーと軽トラックをそれぞれ二車種、展示した。

翌年には「ホンダスポーツ５００価格当てクイズ」という風変わりなセールスキャンペーンを展開、五百七十万通の応募があった。公表された価格は大方の予想を下回る四十五万九千円。生殺与奪の権限を握る通産省を意識した、一大デモンストレーションであった。

特振法の動きによってホンダの四輪進出計画はいやおうなしに加速された。だが、本田の大見得、威勢のいいたんかとは裏腹に、ホンダの生産技術や量産設備面、販売面での体制は明らかに未熟だった。Ｓ５００とトラックは予定通り十月に発売したが、スポーツカーはほとんど売れず、スポーツカーのエンジンを搭載したトラックも敬遠された。

一方、特振法は三度国会に提出されたが、統制色を嫌う金融・産業界の反対や独禁法の壁が厚く、廃案になった。佐橋はその後、特許庁長官をへて六四年に通産省事務次官となる。三木武夫通産相とコンビを組むが、その強引さから「佐橋大臣・三木次官」といわれた。

六六年に退官した佐橋は、「陣がさ代議士にはならぬ。お抱え重役も御免だ」と広言し、「あがりの次官」お決まりの転身を嫌い、読書三昧の浪人生活を経て七二年、余暇開発センター（現、自由時間デザイン協会）の初代理事長になって「働き中毒」のサラリーマンを啓蒙した。

本田vs佐橋

本田と佐橋。二人の考え方は対極だが猪突猛進型。共に後に小説の主人公になるほどの個性派だったという点では共通している。

佐橋の次官時代の六六年、アメリカから安全基準を満たさない車の販売は認めないという要求を突き付けられた。この問題で川又克二（日産自動車社長）を代表とする自動車工業会と本田を代表とする小型自動車工業会の両団体の意見が食い違った。ここでも本田は自説を譲らず、通産省は調整に苦心した。

「対米交渉をしなければならんこの時期に、本田は何を言ってるんだ」と佐橋は怒る。心配した重工業局次長の赤沢は本田に「このままじゃうまくない。一度、佐橋さんと懇談してはどうですか」ともちかけ、両雄は初対面することになった。

場所は本田がセットした赤坂の料亭。開口一番、本田は「おれに四輪車をやらせたら、すぐに世界一流の会社にしてみせる。トヨタや日産を抜くくらい、わけはない」。むっとした佐橋は「何を生意気なことをいうか。失敬な、おれは帰る」と気色ばんだ。

同席していた赤沢やホンダの役員がとりなし、渋々佐橋は腰を落ち着けた。さすがに言いすぎたと思ったのか、本田は「歌でも歌って」という周囲のすすめで歌い出した。「渋くて、なかなかうまかった」と佐橋は後に回想している。

「翌日、本田さんから電話が入り、ゆうべはどうもやりすぎた。赤沢さん、謝っておいてよ、と気にされている様子だった。その旨を佐橋さんに伝えると、おれもまずかったな、とお互いに気にかけていたようでした」と赤沢。初対面でけんかした二人はその後、パーティーなどで顔を合わせると「ヤアヤア」という仲になった。

2　F1への挑戦

レースへの夢

「レースをしなきゃクルマは良くならん。観衆の目前でシノギを削るレースこそ、世界一になる道だ」——。

本田のレースにかける思いは、四輪車進出と並行して高まった。そして六四年一月、ホンダはF1世界選手権レースへの出場を宣言した。

F1とはフォーミュラ・ワンの略。一般には世界選手権をF1、競走車をF1マシンとよぶ。フォーミュラとは規則、規格という意味で、四輪が露出した単座席のレース専用カーだ。

最高速のレースの安全性を確保するために、レギュレーション（制限規則）は毎年のように改定されている。現在、Ｆ１はエンジンが十二気筒、ターボなどの過給器をつかわない自然吸気式エンジンで排気量三千ｃｃ以下などと決められている。

自動車レースは一九世紀末にはすでにおこなわれていたが、Ｆ１世界選手権のかたちをとったのは一九五〇年からである。国際自動車連盟（ＦＩＡ）の下部組織である国際スポーツ自動車連盟（ＦＩＳＡ）が主催し、現在はヨーロッパ、南米、日本などで十六戦前後のグランプリレース（ＧＰ）を開催、ポイント制によりドライバーとコンストラクター（マシン製造者）の年間総合チャンピオンを争う。

それぞれのＧＰには公式予選と決勝があり、公式予選で最高のラップタイムを出したドライバーが決勝のポールポジション（スタートにいちばん有利な最前列の内側の位置）を獲得できる。決勝レースは一周三―七キロのコースを周回して、必要に応じて部品やタイヤを交換しながら三百―三百二十キロを走る。最高時速は三百五十キロにも達する。自動車メーカーの先端技術とドライバーの体力・技能の総力が勝敗を決める、優れて現代的なモータースポーツである。

前年、小型スポーツカーと軽トラックを発売したばかりの最後発メーカーがモータースポーツの最高峰に挑もうというのだから、先発メーカーも本田の「蛮勇」に耳を疑った。

F1進出への準備は本田が「私の履歴書」を連載した六二年の春からひそかに始まっていた。

「四輪に進出するからにはF1にも参戦したい」。エンジンの性能は最終的にスピードに表れる。本田にとって乗用車製造とカーレースは、ともに目的であり、手段であった。

同年八月から二百七十馬力のエンジンの設計を開始した。この出力は本田自身が決めた目標値であった。

やがて「参戦する以上は勝たなければ意味がない」と、本田のF1にかける意気込みは日ごとに高まっていった。

研究所では設計チームを相手に本田はコンクリートの床の上であぐらをかき、床にチョークで図面を描きながら議論した。

オヤジヨロコブ

一九六四年二月十三日、エンジンの設計担当者だった丸野富士也の手帳に、こんな一言が記してある――「オヤジヨロコブ」。ゴールドメタリックの試作車が荒川のテストコースで試走を開始してから一週間後、初めて二百馬力を超え、二百十馬力を実現したのだ。「おう、出られるなあ」と一言。表情は満足気だった。

本田は社員から「オヤジさん」と呼ばれていた。丸野をはじめ開発スタッフは、何よりもオヤジを喜ばせることを目標に頑張っていた。オヤジの笑顔に触れることが生きがいだった。

「オヤジさん自身も一生懸命考えていましたね。夜、設計室に来て、これはこうした方がいいんじゃないか、ああした方がいいんじゃないか、と言って帰る。そして、翌朝やって来て、どうなった、と聞く。その時は、また次の進んだ考えを持ってくる。オヤジさんは寝てないんですよ。そんな状態が続いていましたから、さすがに、この日はご機嫌でしたね」と丸野。

エンジンはできたものの、シャーシーを作る技術はなかった。そこで、エンジンだけを供給する方式で参戦することになったが、当初協力する予定だった欧州メーカーが、Ｆ１不参加に方針変更した。

こうなると、すべてを自前でやらざるを得ない。

急遽《きゅうきょ》、設計陣はシャーシーの図面を引いた。当時のＦ１のモノコックはジュラルミン製だったので、航空機部品メーカーに頼み込んでリベットを打ってもらった。

苦心の末に完成したF1マシン第一号は八月のドイツ・グランプリに参戦した。予選では一周もまともに走れず、決勝では九位まで追い上げたものの、残り三周というところでクラッシュしてリタイアした。見事な惨敗である。世界の檜舞台は甘くなかった。

だが、ホンダの技術陣は奮い立った。

独自に開発した燃料噴射装置などの工夫が功を奏し、参戦二年目の六五年十月のメキシコ・グランプリで、リッチー・ギンサーの駆るホンダマシンは念願の初優勝を果たした。スタートからフィニッシュまで、終始先頭を走り続けたのだ。

エンジニアの中村良夫は五八年、東急くろがね工業からホンダに途中入社する際、初対面の本田に「四輪車に進出し、F1レース参戦すべし」と進言した。その時、本田は「できるかできんかおれにはわかんねえけど、おれはやりてえよ」と叫んだ。

中村はホンダF1の立ち上げに一貫してかかわり、初代のチーム監督も務めた。優勝を見届けた中村はコース場の電報局から「来た、見た、勝った」と打電した。ローマの名将シーザーの勝利宣言をまねしたのだ。帰国後に報告に行くと、本田は「おう、やったな」と、これも一言。「勝ったな」とは言わなかった。

F1撤退

「我々は自動車をやる以上、一番困難な道を歩くんだということでグランプリレースに出場した。勝っても負けてもその原因を追究し、その技術を新車にどしどし入れていきたい」。メキシコGP優勝の報を受けて、本田は記者会見でこう述べている。「レースという苛酷なテストを通じて得られる新技術を実用車に投入する。レーサーは商品の先兵なんだ」という基本姿勢は一貫していた。

本田のエンジンにかける執念は飽くことを知らなかった。まず大きな目標を示し、プレーイング・マネジャーとして自ら現場の先頭に立って前進する。部下に課題を与え、梯子段を外してしまう。こうした手法はうまくツボにはまればいいが、方向が少しずれると現場は混乱し、組織は動揺する。

「空冷水冷論争」はその典型であった。

六八年、本田はF1用に空冷エンジンの開発を指示した。本田自らが陣頭指揮して開発し、前年三月に発売した空冷エンジンを搭載した軽自動車N360の売れ行きが好調で、九月に行われたF1のイタリアGPでは二度目の優勝を果たした。

自信をつけた本田は「世界に通用する車は空冷エンジンでなければならない。それをF1で証明し、市販車で展開する」という信念を抱くようになった。

若手の技術陣は、空冷は時代遅れで、これからは水冷が本命と考えていた。業界の常識でもあった。

だが、空冷でオートバイを開発してきた本田は頑として譲らない。「第二次世界大戦で、ドイツのロンメル将軍がサハラ砂漠でイギリス軍を撃破できたのは、空冷エンジンの戦車を使ったからだ」と戦時中の逸話を持ち出して持論を展開した。研究開発陣は水冷と空冷の両方に取り組む。またも、二兎を追う羽目になった。

本田が自信と気合を込めて完成させた空冷エンジン搭載のマシンは六八年に完成し、七月のフランスGPに急遽《きゅうきょ》出場することになった。フランス人ドライバーのジョー・シュレッサーは予選で下から二番目の十七位。雨天をついて行われた決戦では、ホンダマシンはコーナーを曲がりきれず土手に激突し、炎上してしまった。シュレッサーは焼死した。

「空冷エンジンによるF1制覇」という目標は惨憺たる結果に終わった。この空冷技術を使って商品化した新車、H1300も製造コストが高くつき、販売は不振をきわめた。

軽自動車で成功し、乗用車市場への本格参入を狙うホンダにとって、金食い虫のF1に参加し続ける余裕はなくなった。排ガス対策のために低公害エンジンの開発も焦眉の急になった。六八年のシーズンをもってホンダはF1から撤退した。

空冷エンジン開発に携わり、フランスGPレースの監督を務めた久米是志（三代目社長）は「空冷エンジンは、半ば本田さんの想いが強くてやったというのもある。だけど、やった本人である私も多少、人のやっていなかったことをやってみたかったというのもある。後は、あのような結果になって大変辛いことになったけれど……」と当時を振り返る。

久米は「結局、四輪全体を考えた時、当時は企業の存亡がかかっていた。空冷のさんざんな苦労が、水冷に変えるしかないという結論になったということです」と当時ホンダをゆるがした「空冷水冷論争」を総括している。

連戦連覇

ホンダのFI第二期は八三年に始まった。七八年、河島喜好社長は新年の会見で

「レースはホンダの企業文化だ」と、復帰宣言をした。Ｆ１は十五年ぶりの復帰である。本田は十年前に社長を退き、技術陣も世代交代していた。第二期はエンジンを欧州の車体メーカーに供給して共同作戦で参加する方式をとった。

二輪車、Ｆ２と段階を踏み、八三年、イギリスＧＰから始まったＦ１に復帰した。当初の成績は低迷続きであったが、翌八四年七月の米国ダラスＧＰ戦でＦ１チームのウィリアムズと組んだホンダチームは、復帰後十戦目で初勝利をあげた。

八六年、参戦四年目で夢にまで見たコンストラクターズ（製造者部門）のタイトルを獲得、最終戦のオーストラリアＧＰには最高顧問の本田がさち夫人同伴で観戦した。「われわれの夢をつなげてくれてありがとう。よくやってくれた」。チームの面々の前で正座した本田は深々と頭を下げた。

ホンダにとっての第一期Ｆ１は本田の個人的道楽、オートバイレースの延長だった。四輪車進出にともなう宣伝イベントであり、技術面では「動く実験室」だったのである。

しかし、第二期は組織的にヒトとカネを投入し、河島のいう「企業文化」の総力を結集した。八七年からはドライバー部門との二冠を達成、八八年には十六戦十五勝と連戦連覇するという金字塔を打ちたてた。

日本では七六年と七七年の二年間、富士スピードウェイで、八七年からは五年間、鈴鹿サーキットで日本GPが開催された。日本人ドライバーとしては八七年に中嶋悟がデビュー。一年目のイギリスGPで四位入賞を果たす。ホンダの連戦連勝に、日本ではF1ブームが起こった。

第二世代のホンダチームは、F1をモータースポーツというより科学としてとらえた。勘や経験でなく、データで分析し、だれがやっても同じ答えが出るようにシステム化を徹底したのだ。

コンピュータを初めて採用したのもホンダチームであった。レース走行中のマシンから電波で受け取る情報を即時に解析して分析し、ドライバーに指示を出す。インカムを付けてチームが情報を共用することは今では当たり前になったが、当時は外国勢から奇異な目で見られた。ドライバーを支えるのは車体・エンジン関係のメカニックから、電子制御系統を世話する電気屋に変わった。

指示も細かなものになる。こうしたハイテクレースに機敏に応えたのが、ブラジル出身のレーサー、アイルトン・セナであった。感知能力にすぐれ、マシンの微細な動きやエンジンの反応が的確にスタッフに伝えられた。

ホンダと提携したセナはドライバー部門で三度総合優勝したが、優勝を決定した舞台は、いずれも鈴鹿だった。通算四十一勝のうち、ホンダと組んでの勝ち星が三十二勝。セナは第二期F1の守護神であり、F1ブームの立役者であった。

だが、こうなると、機械狂の本田の知識や勘の遠く及ばぬ世界である。本田自身が荒川堤防のテストコースで試乗中にタイヤを外してしまった椿事は、遠い昔の出来事になってしまった。

三度目の挑戦へ

本田の一周忌が明けた九二年九月、ホンダはF1休止に踏み切った。「技術的に冒険しなくなったし、チームメンバーにも疲れが出てきた。バブルがはじけて、ホンダを取り巻く環境からいっても、一度見直す時期がきた」と当時の社長、川本信彦は撤退の決断を社内放送で従業員に伝えた。驚異的な勝率を残したが、年間百億円近い出費が業績の足を引っ張っていた。

親密なパトロンを失ったセナは九四年五月一日、サンマリノGPで壁に激突、三十四歳で死亡した。死亡報道の直後から、ファンは東京・青山のホンダ本社に集まり、モータースポーツ界のヒーローの死を悼んだ。

ホンダは二〇〇〇年のシーズンからF1に再復帰、オーストラリアGPから参戦した。およそ八年のブランクを経ての第三ステージである。二〇〇二年からはトヨタもエンジン、車体すべて自前で初挑戦する。

日本のF1界に君臨してきたホンダにとっては最強のライバルの登場だ。だが、自由競争を標榜してきた本田が生きていれば、願ってもないレースと喜び、奮い立つことだろう。

3　小型自動車に賭ける

軽自動車で覇権

昭和四十年代に入った日本では、モータリゼーションのファミリーマーケット（自家用自動車市場）化が猛烈な勢いで進んだ。自動車生産は六五年を境に、トラック主導型から乗用車主導型に変わった。

六六年は日本の四輪車生産台数がイギリスを抜き、アメリカ、西ドイツに次いで世界第三位になった年である。クーラー、カラーテレビ、自動車の「3C時代」が幕を開き、マイカー元年といわれた。

同年日産が「サニー」、富士重工が「スバル」、三菱が「コルト」、東洋工業（現マツダ）が「ファミリア」、トヨタが「カローラ」と、それぞれ排気量一千ccクラスの小型車を発売、それぞれ大衆車として広く受け入れられた。

四輪車の最後発メーカーだったホンダは生産設備だけでなく、販売網もサービス体制も未熟である。そこで、当面、着目したのが軽乗用車の市場であった。

本田は「自動車が小型になっても、人間は小型にならない」、「いまの軽自動車は馬力が足りない。走っていても追い越しができないので事故の原因になる」と、居住性と馬力に不満を持っていた。

しかし、専務の藤澤武夫は「大衆車人気に押されてはいるものの、安くて使い勝手のいい軽自動車ならまだまだ売れる」と読んだ。スポーツ車ではビジネスとして成り立たないことを悟った本田は、藤澤の読みに賭けた。

オートバイで熟知した空冷方式のエンジンを採用し、機構スペースを最小限に押さえることでスペース効率を高める「ユーティリティー・ミニマム」の思想をとりいれた。本田はデザインにもこだわった。試作車のある部分が気に入らず、クレイ（粘土）モデルを鉋《かんな》でひと削りした。おかげで金型を取り直すことになって八百万円も余分に費用がかかり、金型の担当者をあわてさせたこともあった。

こうしてできあがった「N360」は六七年春に発売された。新聞広告では「N360は先ず客室から設計をはじめました」と居住性をPR、同時に、三十一万三千円

N360の半透視図。カタログ用にデザイナーが手書きで作成したもの。
モノコックボディと広いキャビンが特長。

という安さを打ち出している。性能、居住性ともカローラ、サニーにそう引けを取らない軽乗用車は、安さも手伝って爆発的なヒットになった。

「先行する会社からは、本田の乗用車は四輪付きオートバイだとバカにされた。確かにN360は二輪車と同じ機構の空冷エンジンを搭載していたからね。うまいことというなって感心したよ」と河島。

だが、ユーザーからは「エヌっころ」という愛称をつけられ、支持された。ホンダはあっという間に軽乗用車のトップメーカーに踊り出た。

だが、好事魔多し。そのヒット商

品が、折から吹き荒れた消費者運動の嵐に巻き込まれるのである。

欠陥車騒動

アメリカでは消費者保護運動が高まっていた。弁護士ラルフ・ネーダーは自動車の構造の危険性に問題意識を抱き、六五年『どんなスピードでも自動車は危険』という本を出版してGM（ゼネラル・モータース）の欠陥車を告発した。これが国民的な注目をあび、その後の消費者保護運動のうねりを呼んだ。彼の著作は、六六年の自動車安全性法案に大きな影響をあたえた。

ネーダーは消費者保護運動のリーダーになった。企業や連邦政府、合衆国議会の不正を調査するために、若い法律家、消費者問題専門家、研究者などによる調査チーム、いわゆる「ネーダー・レイダーズ（突撃隊）」と呼ばれる組織をつくった。

自動車の安全性を監視する、自動車安全センターもその一つ。その活動は過激でしばしば物議をかもし、調査はときには巨大企業と政府に対して皮相的であり、偏向しているとの批判もあった。

アメリカの影響を受けて日本にも七〇年五月、日本自動車ユーザーユニオンという消費者団体がつくられた。「マイカー集団、団結せよ」と百万人にも膨れ上がった自動車保有者に呼びかけ、役所や自動車メーカーを監視しようという趣旨で発足した。商品テストや苦情、法律相談に加え、和製ネーダーを目指した事務局長の松田文夫は先鋭的な欠陥車キャンペーンを展開した。

その標的になったのが、ホンダのドル箱で、軽自動車で圧倒的な人気と売上台数を誇っていたＮ３６０だった。

Ｎ３６０が関係する死亡交通事故の原因はクルマの欠陥によるとして、七〇年八月、ユーザーユニオンは遺族にかわって社長の本田を東京地検特捜部に告訴した。本田はこのとき地検に呼び出された開発責任者に「難関にぶつかったときこそ、問題を注視して、真正面からとらえろ」と励ました。

国会喚問でホンダの役員が矢面に立った。参考人として出席した専務の西田通弘は「Ｎ３６０に設計上の欠陥があるとの批判は当たらない」と主張した。特捜部は学者による鑑定などをもとに、事故と車体の欠陥性との因果関係はないとの結論を下し、不起訴処分とした。

だが、世間を揺るがせた欠陥車騒動でＮ３６０が受けた打撃は大きかった。ホンダに限らず、軽自動車市場そのものが急速に落ち込んだ。

失敗作の小型車第一号

六七年九月、本田は小型乗用車分野への進出を決めた。念願の普通車の製造販売である。

「やるからにはトヨタ、日産の先を行く」と本田は「独創的空冷エンジン、高出力、高級セダン、FF車（前置きエンジン、前輪駆動）」という目標を掲げた。

三月に発売した軽自動車N360は空冷式でベストセラーになっていた。F1用のエンジンで空冷にこだわったように、独創性の根拠は空冷エンジンにあるというのが本田の信念だった。だが、スタッフは大衆車と空冷は本当に結びつくのだろうかと疑問に思っていた。

陣頭指揮の本田は「こんなんでどうする！　設変（設計変更）だ！」と幾度も設計の変更を命じた。本田は毎日、技術研究所に顔を出し、担当者に直接指示を出した。「オイルタンクの形状を変えて、風を流れやすくしろ」「フィンも付けて、こうやれ」――。

本田のひと言で他の仕事が滞る。オヤジの命令に「いや、できません」とは誰も言えなかった。スタッフは幾度となく出される設計変更に体力、気力を使い果たした。見かねた技術研究所長だった杉浦英男は本田用の「特設コーナー」を設け、「社長、担当者が混乱するので、ご意見があっても直接彼らに言わないでもらいたい。必ず特設コーナーに来てお話いただきたい」と談判したほどだった。

杉浦は「強力な創業者がいて、しかもその人が技術的にトップに立っている。加えて、過去にどえらい成功体験を持っている。そういうリーダーがいるということは、行く所まで行ってしまわないと、途中で止めるということはとてもできない企業体質だった」と、当時の混乱ぶりを振り返る。

極め付けが量産ライン開始後の設計変更だった。苦心の末に出来上がったホンダ初の小型乗用車Ｈ１３００は六八年十月に発表にこぎつけた。モーターショーでの評判も上々だった。いよいよ量産体制の立ち上げである。そこにまた、最後の最後まで設計変更し、より完璧なものを求めようとする本田から注文が入った。エンジン、車体の両方で一日平均百八十件の設変があり、連日の徹夜でトイレで居眠りをする担当者もいた。

発売はひと月延期され、ついにはラインの逆送という事態に立ち至った。車体をばらしてエンジンを降ろし、部品を変えてエンジンをもう一度ラインに戻すという、前代未聞の作業である。

こうして五月、ようやく発売に踏み切ったホンダ初の普通車だが、期待とは裏腹に、売れ行きは初めからかんばしくなかった。ホンダ独特の凝り性からくる特徴は、マニアには歓迎されても、大衆にアピールしなかった。普通車第一号のＨ１３００は失敗作であった。

「ひと言でいえば、商品としての自動車というものに対する理解が充分でなかった。クルマのありようを総合的に考えるべきものを、部分最適の積み重ねで全体最適になると思い込んでしまった。手段であるはずの技術が目的になっていた」と杉浦は反省する。この反省は本田の手法、具体的には空冷エンジン第一主義への不信につながった。

「息子たち」の造反

この六九年夏、技研の若い技術者約六十人が軽井沢に集まり「なぜＨ１３００は売れなかったか」をテーマに議論した。

杉浦によれば「どうやってオヤジ（本田）に反省を求めようかという策の一つ」だ

った。

「空冷エンジンは結局重い。フロントが重いからタイヤが偏磨耗するなど、いろいろなところに無理がくる。価格も高くなりすぎた。目前に迫る排ガス規制をクリアするには、もっと近くて楽な道があるのに、あえて空冷という困難な道を選んでしまった」というのが大方の意見だった。

杉浦は集会の場に、副社長の藤澤に来てもらった。

「現場の若い者たちはこういう悩みを持っています。私たちは空冷エンジンはダメですということを申し上げてはハネ返されているんです」と杉浦は訴えた。

その夜は酒を飲みながら話が続いた。

藤澤はその後、熱海で改めて久米是志（三代目社長）らプロジェクトリーダーの話を聞き、空冷にこだわっていては四輪市場で大きく遅れをとってしまうと確信した。

「この後、すぐに社長のところに行きなさい」

藤澤は杉浦に命じた。

――社長に何度も話をしてきたが聞き入れてもらえない。だから、藤澤さんから説得してほしかったのに――。

不満を抱きながらも、彼らは熱海から技術研究所にクルマを走らせた。

恐る恐る本田に意見を述べる。

「ふーん。なんで副社長のところへ行く前に、おれのところに言いにこないんだ」。本田は一言だけ。

その後も本田からは何の反応もなく、次の新機種、ライフの最終設計の判断が迫っていた。

もう一度、杉浦たちは食い下がった。

「どうしても水冷エンジンをやらせてください。このままでは、排ガス対応も間に合わなくなります」

しばらく黙っていた本田は「勝手にしろよ。その代わり、水のメンテナンスだけはちゃんとしろよ」

そう言って立ち去った。

「これでホンダは助かる」と杉浦らは狂喜した。

だが、かたくなな本田の空冷へのこだわりを覆したのは、後述するように藤澤だった。

マスキー法に挑む

このころから、排気ガス公害が大きな社会問題になろうとしていた。運輸省は六六年九月からの排気ガス規制を発表した。アメリカではカリフォルニア州、次いで連邦政府も大気汚染防止の規制を始めた。

上院議員のエドモンド・マスキーは大気汚染防止法を大幅に改正した法案を議会に上程し、七〇年末に発効した。この通称「マスキー法」は、自動車の排ガス規制に関して、七五年からＣＯ（一酸化炭素）とＨＣ（炭化水素）を、七六年からＮＯｘ（窒素酸化物）を、それぞれ在来車の十分の一にするという厳しい基準だった。当時は世界中のどの自動車メーカーも達成不可能とみられていた。

ホンダが研究所に排ガス対策の研究を発足させたのは六六年。当時はＦ１参戦や四輪車開発に忙しく、対策チームは継子扱いだった。チームの顔ぶれも大学を出たばかりの社員などが中心で、五里霧中である。エンジンの高回転、高出力を追究してきた研究者にとっては、ゼロからの勉強である。

文献ばかり読んでいるスタッフを見て、本田は「お前らは、もたもた考えているばかりで何も行動を起こさない。おれだったらすぐにやってみる！」といつもの調子で怒鳴った。

その本田もCO、HC、NOxといった形の見えないものが相手だから、議論のしようがない。当時、国内にはこれらの排ガス量を測定する機器すらなかった。

六九年の後半になって一筋の曙光が見えた。薄い混合気を燃やすと排ガスの発生が少ないという事実が判明し、点火をどう容易にするかが最大の技術的な課題になった。

燃焼室の隣に副燃焼室を設け、その中で燃えやすい混合気を作って点火、その火炎を二段目の主燃焼室に噴出して希薄混合気を燃やすという副燃焼室付きエンジンである。

実験は始まったばかりで、他社も試みていない独自の方式である。開発チーム内では極秘事項にしていた。ところが、本田はどこから話を聞きつけてきたのか、「説明しろ」と迫った。いきさつを聞いた本田は、やったなという表情を浮かべて「エンジンの燃料供給は気化器でなくインジェクション（噴射装置）にしたらどうか」と提案するほど熱心だった。

結局、気化器方式で実用化されることになるが、本田は「四輪の最後発メーカーであるホンダにとって、他社と同一ラインに立つ絶好のチャンスだ」と低公害エンジン開発に期待を寄せた。研究スタッフは当初の三十人から百人を超す体制に膨れあがった。

研究用エンジンとしてN600のエンジンを改良、副燃焼室を付けて実走テストを重ね、有害成分が減少する目途がたったとの報告を受けた本田は、低公害エンジンについて公表すると宣言した。

完成前の発表は、本田がアドバルーン効果を狙ったものであった。完璧を求める研究陣はなかなか完成したとは言わない。「それを待っていたのでは会社がつぶれてしまう」。二階にあげてハシゴを外してしまえば、開発陣は必死になるし、目途がたったことを内外に示せば社員の士気も昂揚する、という本田一流の作戦である。

低公害エンジンの名称は七一年二月の公表直前に決まった。「CVCC・複合過流調速燃焼」。特許申請もまだしていない時点で名前から構造がわかってはまずいという開発担当者の命名だった。本田は東京・大手町の経団連会館で記者会見し、「排ガス規制値を満足させるレシプロエンジンCVCCの目途が立ったので、七三年から商品化する」と発表した。

特許公開で世界をリード

七二年十月の正式な発表会。東京・赤坂プリンスホテルの大広間に設けられた展示コーナーは「クリーン」を印象づけるためにブルーのパネルを設置し、中央には完成したCVCCエンジンが鎮座していた。開発陣を引き連れた本田は得意満面の笑顔で質問の応対に当たった。自前の技術が世界のトップに立ったのである。物まねを嫌う本田にとってはまさに理想の自前技術、夢の実現であった。

「他メーカーのエンジンにも応用できる」「触媒などの排ガス浄化装置はいらないので二次公害もない」——。「どうする、トヨタ、日産」と大見出しで書き立てる新聞もあった。

反響は国内外に広がった。アメリカのEPA（環境保護局、現・環境保護庁）からは搭載車の提出を求められた。ホンダにはこのエンジンを積めるだけの大きさの車体がなかったので、日産の「サニー」にホンダのCVCCエンジンを積んだ。重量合わせのためにサンドバッグも積んだ。同年十二月にミシガン州アンナバーで立会いテストが行われ、七五年規制のマスキー法合格第一号に指定された。

上　昭和47年（1972年）10月12日、東京・赤坂プリンスホテルで行われたＣＶＣＣ発表会での本田宗一郎。

下　シビック・ＣＶＣＣ第１号車。昭和48年（1973年）12月。

本田は公害対策技術は広く公開する方針を表明していた。まず、国内最大手のトヨタが技術を評価し、技術供与を受けることを決めた。

そうなると、世界各国の自動車メーカーがＣＶＣＣエンジンの説明を求めて研究所を訪ねてきた。フォード、クライスラー、いすゞの各メーカーもこれに追随した。最後発の四輪メーカーが大気汚染問題では、世界のビッグメーカーに先んずるという快挙を成し遂げたのだ。

低公害、低燃費「シビック」がヒット

低公害エンジンの発表に先立つ七二年七月、ホンダは「シビック」を発売していた。翌年十月にはＣＶＣＣエンジンを搭載した。四ドア、千五百ｃｃの本格的小型乗用車である。Ｈ１３００の反省をこの車で存分にいかした。エンジンは水冷、シンプルで価格も安い。

特異なデザインも人気を集め、七三年度の「カー・オブ・ザ・イヤー」に輝いた。初年度にはわずか二万台だったが、三年後には十七万六千台も売れた。マスキー法施行初年度の七四年にはアメリカのＥＰＡにシビックを持ち込み、認定を取得した。Ｅ

ＰＡの検査官は燃費効率が良い点を指摘した。「われわれは排ガスばかりに気を取られていて、燃費のことは全く考えていなかった」と担当者は目からウロコが落ちる思いだった。排ガス対策は当たり前で、これからは燃費の競争になると気づいたのだ。

シビックは七八年モデルまで四年連続で燃費第一位を獲得した。アメリカでは二輪のホンダとしての名声に加え、四輪でも知名度を高めた。ＣＶＣＣで先発メーカーを追い抜き、これを搭載した小型車が省エネ時代を迎えた日米で新市場を開拓した。トヨタ、日産と肩を並べる布石は充分できた。

七三年十月、本田は社長を河島喜好に譲り、副社長の藤澤武夫とともに取締役最高顧問に退く。第四次中東戦争が勃発し、石油危機と狂乱物価の嵐がやってくるのはその直後である。「シビック」の成功は、ヒーローの引退にふさわしい花道になった。

4 さわやかな退任

世代交代うながす

六九年の「空冷水冷論争」がホンダの世代交代を大きく進める結果になった。あくまで空冷にこだわる本田に対し、久米らの若手技術者が水冷エンジンの開発を求めた。「クーデター」「造反劇」と見る向きもあるが、本田を翻意させたのは藤澤である。

この年の夏、藤澤は熱海で研究所幹部と一泊し、「水冷に利あり」を再認識した。東京に戻って本田に若手の意見を伝えた。

「いや、空冷でも同じことだ。できるんだよ。副社長に説明してもわからんだろうが」

こと技術に関して、本田は信念のかたまりであり、藤澤が口出ししないと決めた聖域である。覚悟を決めた藤澤は、初めて聖域に踏み込んだ。

「あなたは本田技研の社長としての道をとるのか、あるいは技術者として残るのか。どちらかを選ぶべきではないか」

しばらくの沈黙の後に本田は「俺は社長としているべきだろう」。

「水冷をやらせるんですね」

「そうしよう。それが良い」――。

ひとりの天才が生涯天才であり続けることはありえない。かんじんな時期に天才として大きな事業や発明を実現するにすぎない。まして、自動車をめぐる技術はすさまじい勢いで進んでいる。天才、本田宗一郎もその盛りを過ぎたことを示す象徴的な出来事だった。

集団指導体制へ

翌年四月、創業以来続いていた本田、藤澤の二人三脚による指導体制から、河島、川島、西田、白井の四専務による集団指導体制に切り替わった。

「社長とおれは一歩引くから、将来計画も含めて、毎日の仕事は四専務ですべて推進しなさい。いよいよ困れば、おれのところに相談に来ればいいんだ」と藤澤は四人に言い渡した。この人事は両トップの引退に向けての大きな布石であった。世の中は空前の大型景気（いざなぎ景気）を謳歌していた。

以降、藤澤は出社することが少なくなった。「藤澤さんが顔を出すのは、何か気になることがあった時ぐらい。専務のだれかが説明すると、それならいいよ、と言って帰って行かれました」（河島）

一方、技術研究所の社長でもある本田は毎日、愛車のH１３００を自ら運転して和光の研究所に通っていた。若手に優秀な技術者が育ってきたものの、今度は、研究所を独立させてフラットな文鎮型組織にした弊害が出てきた。エキスパート群の上に文鎮の首のように本田がただ一人君臨する。そうすると、本田のささいな発言が波風を起こすことが増えてきた。世代交代の必要性を訴える従業員も出てきた。だれが、それを進言するのか。事の成り行きで、当時、総務担当役員だった西田道弘が気の重い役割を担うことになった。

研究所へおもむき、本田のいる社長室の扉をたたいた。本田は西田を昼食に誘った。西田は本田とソバをすすりながら雑談をし、ころ合いを見計らってポツッと本題を切り出した。

「研究員もどんどん育っているので、そろそろバトンタッチを考えていただけないでしょうか」

本田は即座に「よく言ってくれた」。

続けて「何なら今日にでも辞めていいぞ」

本田はハンカチで涙をぬぐっていた。

「本田さんは仕事一筋だから、専念されているときは何も見えなくなる。普段は人事を気にすることも全くないのに、あの時はひとこと言っただけで、すべてを理解して、むしろ喜んでくださった」と西田は感激する。七一年四月、低公害エンジンCVCCの開発発表を花道に、技術研究所の社長を河島喜好に譲って、本田は技術者人生を終えた。以降、本田は本社の社長に専念するのだが、このときホンダの組織が完成したといえる。

本田が退いた後、西田は悩んだ。本田が冗談混じりに「しばらくの間、朝になって下落合の自宅を出ると、どうしてもウチの会社に向かってしまう。途中まで走って、ああ、おれはもう社長じゃないんだと思って帰ってきた」。本田にとってウチの会社とは技術研究所のことで、研究所がすべてだった。

この年の夏、ニクソン米大統領はドル防衛策を発表、金・ドルの交換を停止した。いわゆるニクソンショックに東証株価は大暴落した。暮れには一ドル＝三百六十円に固定されていた円ドル相場が一ドル＝三百八円に移行（スミソニアン体制）した。本田は当時「何で為替が変わるんだ。どうして一ドルが三百六十円じゃないんだ」と困惑していた。「もう、われわれには付いていけないよ」と本田と藤澤は冗談交じりに嘆いた。

いすゞとGMの資本提携、ドルショック、第一銀行と日本勧業銀行の合併……。経済界は激動していたが、大企業になったホンダは柔軟さに欠ける場面も出てきた。

「三日間くらい、寝不足続きに考えたとしても間違いのない結論を出せるようでなければ、経営者とはいえない。平常のときは問題ないが、経営者の決断場の異常事態発生のとき、年齢からくる粘りのない体での判断の間違いが企業を破滅させた例を多く知っている。……五十で死んだ信長には男性的展開の未来がえがけるが、年を重ねた秀吉にはそれがない」藤澤はこんな思いを強めていた。

河島に「おれも本田さんもいつまでもいるわけじゃない。どうするつもりだよ」と言った。河島は四専務の中心として体質改善運動に乗り出す。ポスト本田への布陣を敷く藤澤にとって、本田の花道をどう飾るかが最後の仕事になった。

辞めるのは一緒に

時代に潮回りがあれば、リーダーにも潮時がある。

七三年三月、副社長の藤澤は、「おれは今期限りで辞めるよ。本田社長にそう伝えてくれ」と専務の西田通弘に命じた。

この年の秋、ホンダは創業二十五周年を迎える。後進が育ったのを見きわめ、本田というカリスマの限界を感知し、潮時を見計らった藤澤の「経営的決断」であった。

夏、本田は中国へ出張した。その留守中に「本田社長、藤澤副社長引退」のニュースが流れた。羽田空港には帰国した本田自身から確認をとろうと報道陣が押しかけた。迎えに出た西田は藤澤の辞意を伝えた。予期しないことだったが、本田はすぐに藤澤の意図を了解した。しばらく考えてから、こう西田に告げた。

「おれは藤澤武夫あっての社長だ。副社長がやめるなら、おれも一緒。辞めるよ」

羽田での記者会見で本田は「前々からやめるつもりで藤澤副社長と相談していた。それがたまたま外遊中にバレてしまっただけだ」と笑顔で語りはじめた。

「私ももう六十五歳。若いつもりでも、変化の激しい企業経営についていくのは苦しくなった。後継者もできたことだし、この辺が潮時だ。私と副社長とは二人で一人前で、どちらが欠けてもダメだ。いってみれば半玉が二人で芸者として一本立ちできたようなものなので、辞めるときも一緒なのは当然」と、自らに言い聞かせるように淡々と語った。

十月、本田・藤澤の両トップは株主総会を経て正式に退任した。四半世紀にわたる二人三脚は終わった。本田六十五歳、藤澤六十一歳。

この退任劇は、二人が世間ではまだまだ現役で通用する年齢だったことに加え、次期社長の河島喜好が四十五歳という異例の若さだったことで大きな反響を呼んだ。河島はまだ町工場時代の四八年に大卒第一号で入社した生え抜きである。

「さわやかなバトンタッチ」、「潔い出処進退」とマスコミははやし立てた。

藤澤は八月の「退陣のごあいさつ」の中でこう記した。

退任が決まった後のある会合で、本田さんと顔を合わせた。ここへ来いよ、と（本田さんに）目で知らされたので、一緒に連れ立った。

「まあまあだな」と言われた。

「そう、まあまあさ」と答えた。

「幸せだったな」と言われた。

「本当に幸せでした。心からお礼を言います」と言った私に、

「おれも礼を言うよ。良い人生だったな」とのことで引退の話は終わりました――。

5　もうひとりの創業者、藤澤武夫

役者と演出家

本田と藤澤の関係は、文字通り「クルマの両輪」である。

かたや、モノづくりに没頭する破天荒な激情家。かたや、事業の修羅場を経験した商売人。江戸っ子で多趣味、人間通の藤澤は、視野が広くバランス感覚に優れ、調整能力にたけていた。

藤澤のもとで販売を担当、アメリカ市場を開拓した川島喜八郎（元副社長）は、「本田が千両役者なら、藤澤は名演出家だった。舞台装置を整え、シナリオを書き、本田という千両役者を踊りまくらせた」と二人の関係を芝居に喩えた。

社長は本田、経営者は藤澤。強烈なパーソナリティーがコンビを組んだことで、

「ホンダ」という企業が発展した。

藤澤は一九一〇年十一月十日、東京・小石川に生まれた。父は銀行員などを経て映画館のスライド広告を製作する宣伝会社を経営していた。だが、藤澤が私立京華中学校（現・京華高校）一年のときに関東大震災で父の会社は焼失し、借金だけが残った。教師を目指していた藤澤は東京高等師範（現・筑波大学）を受験するが失敗、家族を養うために筆耕屋を開業して、あて名書きの仕事を始める。仕事の暇をみては文学書を読みあさるという内気な文学青年であった。

徴兵で一年間の軍隊生活をした後、一九三四年に東京・八丁堀の三ツ輪商会という鋼材問屋に就職した。町工場に鋼材を売り歩くセールスマンとして次々に得意先を開拓し、トップの成績を上げた。とはいえ口八丁手八丁のセールスマンではない。誠心誠意をモットーとし、納期が遅れれば正直に理由を述べ、相手の立場になって対策を考え、提案した。

市況商品を扱うわけだから相場観もいる。商売の勘どころを習得した藤澤は、店主が召集された時には代わって番頭格で経営を引き受けるまでになった。その後、切削工具を製作する日本機工研究所を設立、召集が開けた店主が戻ったのを待って独立した。三十一歳になっていた。

このころ、取引先の中島飛行機から納入品の検査に来ていたのが、やがて藤澤と本田を結びつけることになる竹島弘である。竹島は浜松高専（後の静岡大学工学部）の出身で、本田が聴講生で来ていたころは非常勤講師をしていた。竹島は後に中島飛行機に入り、同社にピストンリングを納めていた本田と再会した。藤澤は竹島から「浜松の天才技術者」のうわさを聞いた。

四五年六月、藤澤は福島の二本松に疎開する。皮肉にも、空襲を免れた機械を疎開先に運び込んだ八月十五日、終戦を迎えた。

戦後の日本では、切削工具より建築用木材の方が商売になる。そう踏んだ藤澤は福島で山林を買い取り、製材業を始めた。一方で、ことあるごとに上京し、再び東京で起業する機会をうかがった。

一九四八年の夏、藤澤はまだ焼け跡の残る東京・市ヶ谷駅の近くで偶然、竹島と出会った。竹島は通産省の技官になっていた。

その後、藤澤は福島の製材所をたたんで上京し、池袋で材木店を開業した。そこに竹島から連絡があった。本田に会ってみないかという話だった。

運命の出会い

二人が運命の対面をしたのは一九四九年八月。場所は東京・阿佐ケ谷にあるバラック建ての竹島宅だった。

この年の夏は下山事件、三鷹事件という怪事件が続いて世相は騒然としていたが、都内にビアホールが復活、街角では「青い山脈」「銀座カンカン娘」の歌声が流れ、人々は貧しい中にも復興の意気に燃えていた。

「東京に出て本格的なオートバイを作りたいが、金がない」という本田。「夢のある技術を持った男と組んでモノを売りたい」という藤澤。四十二歳の本田と三十八歳の藤澤は、たちまち意気投合した。

うわさの「浜松の発明狂」に会った藤澤は、その場で製材所をたたき売って資金を作ることを決意した。モノづくりは本田、カネの工面は藤澤。初対面の二人は一目で気に入り、わずか三分か五分で役割分担を決めた。「こっちが持っていないものをあっちが持っているからだ」。後年、本田も藤澤もこう口をそろえる。

両者の性格は全く異なるが、ともに天性の直感力、洞察力、中でも人を見る目を持っていた。見せかけのポーズ、虚勢など、この二人の前では全く通用しない。「たちまち心の内を見透かされ、ウソなど通用しない」。かつての部下たちは異口同音に二人をこう評する。

役割分担

本田「金のことは任せる。交通手段というものは、形はどうあろうと永遠になくならないものだ。けれども、何を創り出すかということについては一切、掣肘《せいちゅう》を受けたくない、おれは技術屋なんだから」

藤澤「それじゃ、お金の方は私が引き受けよう。目先の儲けの計算は今できないが、機械がほしいとか、何がしたいということについては、いちばん仕事のしやすい方法を私が講じましょう。近視的にものを見ないようにしましょう」

「それはそうだ。おたがいに近視的な見方はしたくないね」

「わかりました。それでは私にやらせてくれますか」

「頼む」

「本田のやることに口を出さない。そのかわり本田も、私のやることを掣肘《せいちゅう》しない、という約束です。私はあの人の話を聞いていると、未来について、はかりしれないものがつぎつぎに出てくる。それを実行に移してゆくレールを敷く役目を果たせば、本田の夢はそれに乗って突っ走って行くだろう、そう思ったのです」

藤澤は本田との出会いについてこう記している。

四九年十月、藤澤は本田技研工業の常務として経営に参画した。ホンダは資本金を倍額に増資。増資分の四分の一は藤澤が出資したものだった。翌年三月、ホンダは東京に進出、東京・八重洲に粗末な営業所を設けた。ここが藤澤の本拠地になった。

五一年入社の川島喜八郎（元副社長）は大学を出た後、故郷の静岡で油屋を自営していた。「ホンダというオートバイを作っている会社が営業マンを募集しているという。面白そうな会社だというから、浜松まで出かけた。面接したのは本田さんでした。どう見ても町工場のおやじさん然とした人が、初対面でいきなり、今にウチは世界一の二輪車メーカーになる、とこともなげに言う。なのに全然嫌味がない。不思議な魅力の人でした。おまえさん、営業希望なら藤澤に会え、と言われた」

そこで東京へ行った川島は、もうひとりの個性派に会う。

「魚屋の隣のしもた屋が営業所で、藤澤さんがおられた。ハエ叩きを持っておられた。魚屋からハエが来るからね。一見、将来を託しにくい雰囲気でした。ですが、これまた、何とも大きなスケールを感じる人で、本田宗一郎は必ず世界一になるような商品を作るだろう。それをいかに売るかが私の仕事なんだとおっしゃる。本田さんのモノづくりの考えと技術力に、本当にほれ込んでおられるのがよくわかりました」

会社の外観はどうあれ、二人の人物に強くひかれて、川島はその場で入社を決めた。

身分不相応な買い物

「われわれの創意工夫を生かし実現するには、優秀な機械がなくてはなりません。弘法は筆を選ばずと言ったのは昔のたとえです。そこで私は一大決心をもって、世界第一流の工作機械を購入することにしました。(中略)日本だけを相手に日本一は真の日本一ではありません。世界一であって初めて日本一となり得るのであります」――。五二年秋の社内報で本田は、目標は世界一であり、そのために大胆な設備投資をすることを宣言している。

学卒社員を採用して従業員も二百人を超した。藤澤は専務になっていた。「金を使うより、知恵を使え」とハッパをかける本田も、工作機械という「筆」だけは選ばぬわけにいかなかった。部品の精度をあげようとすればどうしてもすぐれた工作機械がいる。当時、国産ではすぐれた機械がない。

この年春、埼玉県大和町の白子にある古い工場を買収した。飛行機部品を作っていたその工場には古い機械が何百台も残っていたが、本田は「こんなもの使ったってロクなものはできない。全部売っちまえ」。

のどから手が出るほど本田は外国の工作機械を欲しかったが、高価というだけでなく、輸入するには外貨の割り当てがいる。工作機械がないおかげで朝鮮戦争の特需にも乗り遅れた。本田は切歯扼腕していた。

本田のもどかしい心情を痛いほどわかっていた金庫番の藤澤は、機械の購入を勧めた。

「社長、もっと買えよ。ほしい機械をどんどん入れてくれ。そのかわり、すぐ動かしてくれよ」

増資したとはいえ、資本金はわずか六千万円、含み資産もない会社が四億五千万円もの買い物をするのは大冒険である。だが、藤澤は本田に全幅の信頼を置いていた。

「あれだけの技術者でありながら本田は、自分から設備、機械がなければできないといってねだったことがないんです。与えられた条件の中で可能性を見つけだそうとして、決して弱音を吐かない。だから、私が金を出して入れたものは、価値なく無駄なものにすることは、決してなかったんです」（藤澤）

そのころ本田は「日本一より世界一だ」と、なにやら逆説的なスローガンを掲げて社員を煙に巻いていた。朝礼でミカン箱の上に立つ。目はぎらぎらしていて、つばを飛ばす。「あのころの演説は気持ちが先に行っちゃって、浜松弁の言葉がジャンプして何言ってんだかわかんない。話は中間説明抜きだからよけい理解できない。気迫はすごかった」と古参社員は振り返る。

本人にも自覚があったのか、出始めたばかりのテープレコーダーにしゃべらせて、本田が無言で横に立つという珍風景もあった。

「ここで本田と藤澤の経営者としての先見の明が決断を下したのです。デフレ不況が去って、ドリームE型も売れて一時期の危機こそ乗り越えたが、このままでは大きな成長が望めない。しかも戦前の古い工作機械で作った部品を買って使っているようでは、世界のホンダになれるわけがない。お二人はホンダを生産工場を持った会社にす

る決意をした。何が何でも最新鋭の工作機械を買おうと。それで、四億五千万円分の外貨申請を出したのです」（河島喜好）

同年十一月、本田は工作機械購入のために渡米した。自動車メーカーの大量生産工場も視察した。本田家にはその時に集めてきた工作機械のカタログが大量に残されているという。

「おれが機械買うというと、相手が喜んじゃって、セキハン、セキハンって言うんだ。お祝いの赤飯かと思ったらシェイク・ハンド（握手）なんだとさ」というのが土産話だった。同じころ、まだ二十代の若者だった河島はヨーロッパに渡り、ドイツやスイスで工作機械を買い付けている。

ＤＭで販売網創る

藤澤が経営に参加したころ、二輪車メーカーはすでに乱立気味で、販売網の開拓が急務であった。先発メーカーの販売店に売ってもらう委託販売だから支払い代金も先方の都合まかせという状態だった。

思案投げ首の藤澤に本田が発明して差し出したのが、自転車にエンジンを付けた

「カブF型」だった。

そのころ自転車にエンジンを取り付けた二輪車はすでにあった。通称「バタバタ」で、重さが十四キロあった。本田が開発したのは半分の七キロ。「私の履歴書」で本田が自賛するように「白いタンクに赤いエンジン」を搭載したカブ号のデザインは斬新で軽量小型。藤澤がじっと待っていた大衆向け商品だった。

モノが出来れば、今度は藤澤の出番である。五二年三月に試作車が完成する。六月の発売までの三か月、藤澤は信長・秀吉に仕えた軍師、竹中半兵衛よろしくじっくりとあるアイディアを練った。「無から有を生じる」独創的奇策を考えた。

藤澤が目を付けたのは日本全国どこにでもある自転車店だった。オートバイの販売店は全国で三百軒ほどで、しかもホンダを扱う代理店はわずか二十軒ほどしかなかった。一方、自転車店は五万五千軒もある。一軒一軒は小さくとも束ねれば巨大な販売網になる。ネットワーク戦略の発想である。

これらの店にどう接近するか。藤澤はダイレクトメール（DM）戦術を発想した。文案も考えた。

第一弾。「あなた方のご先祖は、日露戦争の後、勇気を持って輸入自転車を売る決心をされた。それが、今日のあなたのご商売です。ところがお客さんはエンジンの付いたものを求めている。そのエンジンをホンダが作りました。興味がおありなら、ご返事ください」

三万軒以上の店から「関心あり」の返事が来た。

すかさず、第二弾。

「ご興味があって大変うれしい。ついては一軒一台ずつ申し込み順に送ります。小売価格は二万五千円ですが、卸価格を一万九千円にします。代金は郵便為替でも三菱銀行京橋支店へ振り込んでいただいても結構です」

同時に銀行からも支店長名で「振込みは当行へ」と手紙を出してもらう。これがホンダの信用を保証するうえで効果があった。宛名は従業員を動員して書いたがそれでも間に合わず、三菱銀行京橋支店の行員も手伝った。

「反響はすごかった。五千軒くらいからすぐに返事があり、どんどん増えてゆく。委託販売が常識の二輪車業界に、前金を払ってもらう商売をぶつけて、しかも、ぴたっと当てた」と振り返る川島は藤澤を「度胸がよくて非常に緻密なばくち打ち」と評する。

カブ号はＤＭ作戦によって、およそ一万五千軒の自転車店で販売され、日本中に普及した。

戦時中の製造業は、軍からの受注生産に慣れきっていた。しかし、藤澤はこれからは大衆の需要に応じるための見込み大量生産が主流になるだろう、それなくして企業の成長はないと予測した。藤澤が量産型のカブをとっかかりに販売網を開拓したことで、ホンダが飛躍する基礎固めができた。

経営危機

本田がTTレースへの出場宣言をした五四年、威勢のいい檄文とは裏腹に、経営は創業以来の危機を迎えていた。

このピンチを巧みに乗り切ったのも藤澤の手腕である。

前年七月、朝鮮戦争は終結し、特需ブームは終わっていた。景気は秋から急速に悪化し、年初から大不況が始まっていた。この年、昭和二十九年の不況（「二十九年不況」）では、中小企業ばかりでなく尼崎製鋼、日平産業などの有名企業まで破綻したが、産業界の整理淘汰が後の高度成長の「つゆ払い」の役割を果たした。選別に生き残れるかどうかが、その後の企業の明暗を左右した。

しかし、ホンダは一月に株式の店頭公開を果たし、同年二月期の決算では売り上げは前年の三倍にもふくらんだ。前後して、資本金六千万円の会社が四億五千万円もの工作機械を輸入して話題になった。「マン島レース出場宣言」を社内、社外に公表したのは、順風満帆に見えた三月二十日だった。

「わたしの幼き頃よりの夢は、自分で製作した自動車で全世界の自動車競争の覇者となることであった。（中略）

絶対の自信を持てる生産体制を確立した今、まさに好機到る。明年こそTTレースに出場せんと決意をここに固めたのである。（中略）

日本の機械工業の真価を問い、此を世界に誇示するまでにしなければならない。吾が本田技研の使命は日本産業の啓蒙にある。ここに私の決意を披瀝し、TTレースに出場、優勝するために、精魂を傾けて創意工夫に努力することを諸君とともに誓う。右宣言する」

製品による競争はまだ無理だが、レースなら世界を相手に戦える。挑戦心と熱気にあふれたこの「宣言」は、本田の意を十分にくみ取った藤澤が書き上げた。

ところが、宣言文を出した直後から、経営は未曽有の逆風に見舞われた。

まず、新製品のスクーター「ジュノオ」が売れなかった。エンジンをプラスチックで囲ったことによりデザインはすっきりしたが、過熱問題が起こった。

ドル箱の「カブF」の売れ行きもぱったり止まってしまった。後発メーカーがエンジンを自転車の三角パイプの中に据え付ける新型を出し、こちらに人気が移ったからだ。

主力製品の「ドリーム」も排気量を上げた結果、原因不明のエンジン不調が起こりクレームが続発した。主力商品のすべてが同時期にそろって問題をおこした。

本田は四月渡欧の予定をキャンセルし、エンジン不調の解明に不眠不休で取り組んだ。出荷現場にはドリーム号が並んでいた。出荷を止めた在庫と、返品の山である。

「ある日、全員集まってくれと声がかかった。そしたら本田さんと藤澤さんが二人並んでた。おやじさんの白いユニフォームは薄汚れていて、クチャクチャのシワだらけ。目は真っ赤に充血していた。藤澤さんの緊急事態の説明の後、おやじさんがしゃべったんです。いつものような冗談も出ないし、世界を目指す、も出ない。原因を説明してくれた。キャブレーターの設計と取り付け位置に問題があって、燃料が途切れてエンストするんだ。でも、やっと解決の目途がついた、と。おやじさんが、すまんだなぁ、迷惑かけたなぁ、ってわれわれに謝ったんです。その時は、何だかジーンときちゃいましたね」(埼玉工場で組み立てをしていた新入社員、堀越昇の回顧)

技術的な問題は本田が解決した。こんどは藤澤の出番である。

「社長、ヨーロッパへ行ってらっしゃい」

「大丈夫か？」

「いや、いま社長がいないほうが都合がいいんだ。それよりヨーロッパへ行って何でも見て来てくれ。あとは引き受けたよ」

こんなやり取りを経て、藤澤は予定より二月遅れの六月に本田をTTレース視察の旅に送りだした。

大バクチ

焦眉の急は資金対策である。在庫はたまる、支払いは増える。資金繰りは急速に悪化していた。
このころのホンダは自前の製造機械を満足に持っていない。工場はいわゆる生産工場ではなくて、組立工場だった。部品メーカーからほとんどの部品を買ってきて、それを組み立ててオートバイを作っていた。「ギヤ一個さえ社内で作れない。あるのは組立ラインと塗装ラインだけでした。溶接すら外注でした」（河島喜好）
当然ながら、部品メーカーに支払う代金決済が待ち受ける。藤澤は賭けに出た。五月二十六日、外注業者に集まってもらい、支払いの一部棚上げを頼んだのだ。ホンダの窮状を隠すことなく説明したうえで、「いままでのように、お金は払えない。だから、これから買う品物に、これまで買ったものを加えてその代金の三十パーセントをお支払いする。手形は書かない、ということで、ひとつここは我慢してもらえないだろうか」と懇請した。

「ここで手形を上乗せして切れば危険です。といって、承認してもらえなければ、部品が入らない。生産はストップする。話しながら生唾が出ましたね。なんとか承認してもらったときには、ほっとして、力が抜けてしまった」と藤澤は回想している。

このとき安易に手形を切っていれば、不渡りとなってホンダは倒産していたかもしれない。二、三の業者は離れていったが、大部分は藤澤の「大幅値引き、現金支払い」の提案を受け入れた。

一方で、藤澤は取引銀行の三菱銀行に支援を求め、初めて融資を受けた。当座の資金繰りもさることながら、借り入れをしてメーンバンクとの結びつきを強めておく必要を感じたからだ。

「銀行に対しては、私は何でもしゃべった。いっさい隠しごとをせず、悪い問題も全部銀行に言った。すべて知っていれば銀行も正確な判断ができる」(藤澤)。三菱銀行の京橋支店長は懸命にホンダの現状と未来の構想を上層部に説明し、全面的なバックアップ体制を取り付けた。

このころ本田は英国マン島に着き、ＴＴレースを視察した。初めて目にするイタリアやドイツなど各国のＧＰマシンの威容、レースが始まった車の速さにショックを受けた。宣言には「２５０ｃｃのレーサーを出場させ、リッター当たり5馬力」と書いた。すなわち、二十五馬力。ところがこの年の優勝車のパワーは百五十馬力に近い。世界のレベルは本田の予想を超え、はるかかなたにあった。

「六月十四日、初めてレースを見たが、すごいものだ。いろいろと大いに勉強したが、また、自信もついてうれしく思う。会社のほうは苦労が多いと思うが、頑張ってください」――本田は藤澤に宛てこうエアメールに記した。

度肝を抜かれながらもいつもの負けん気を取り戻した本田は、英、仏、独、伊のモーターサイクル（オートバイ）メーカーを回った。買い込んだ部品を身につけて羽田国際空港に着いたのが七月末のことである。

出迎えた藤澤の笑顔は、資金繰り問題がヤマを越したことを告げていた。

綱渡り状態の経営不振のただ中の十月、本田はＴＴレース推進本部をつくり、河島にレーシングエンジンの開発を命じた。

「本当に出るんですか」と半信半疑の河島。

「何が何でも出る。もたもたしていると、どんどんおいていかれる。それにな、今みんなが苦労している時だろう。そういう時こそ夢がほしいじゃないか。明日咲かせる花は、今種を蒔いておかなきゃいけないんだ」

大衆団交

モノ、カネの関門の次に待ち受けていたのがヒトの問題である。

ピークを越したとはいえ、労働争議はまだはなやかだった。当時の日本企業では、多くの経営者が労務問題に多大のエネルギーをさいていた。新興企業のホンダにも前年、労働組合が結成され、この年暮れには二万五千円の越年手当を要求した。

藤澤の提示した回答額は一律五千円だった。猛反発した執行部は団体交渉を求めた。藤澤は執行部でなく主力工場の埼玉製作所全員の前でやりたいと申し入れ、実現した。「なぜ、そんな申し入れをしたか。それは全員の前で私の考えを話して、みなに承知してもらえば、執行部の責任にならないと考えた」(藤澤)からだ。わずかな回答額は外注先への遠慮であり、直接交渉は組合を分裂させて外部組織の介入を招きたくないという配慮からである。

藤澤は単身、埼玉工場に乗り込む。師走の寒風のもと集まった千八百人の組合員の前に立つ藤澤に、執行委員長が質問した。

「この五千円という回答をどう思うか」

「問題にならないくらい低い額だ。しかし、もう少し出せたとしても、後で会社がつぶれたときに、なぜあのとき頑張らなかったのかと追及されたら、経営者として申し訳ないことになる。それよりも、年が明けて三月ころになればまた車も売れるだろうから、そのときに団体交渉をしたい」

聞いていた組合員から拍手があがり、会場全体に広がった。

「団体交渉はこれまでとします」と委員長。

危機乗り切る

「マン島ＴＴレースに来年出場の公約」は実現できなかった。

ホンダがこの檜舞台での参戦を果たすのは五年後の一九五九年六月である。百二十五ｃｃ級で六位入賞。それから二年後の六一年には百二十五ｃｃ、二百五十ｃｃ級の二部門で一位から五位までを総ナメにする。宣言から七年経っていたが、本田は夢を見事に実現した。

創業以来のピンチを迎えた五四年、林立していた二輪車メーカーの倒産が相次いだ。ホンダは藤澤という策士が、「夢を追いつづける男」本田宗一郎のキャラクターを最大限に利用して危機を乗り切った。

藤澤は元気のいい「宣言」を誇示して取引先の部品メーカーや販売店に「ホンダの将来を買ってほしい」と訴えた。大事な時期に社長を渡欧させることで、取引銀行の不安を払拭した。引き続きレースに挑むというトップの前向きな姿勢は従業員の琴線に触れ、「あのオヤジのためなら」という忠誠心を引き出した。

こうした情に訴える手法と併せ、藤澤は給与体系を近代化するために人事院の役人に知恵を借りたり、生産管理を合理化したりと、地味ながら理詰めの改革に手を着けている。

上場したとはいっても、当時のホンダは徒弟制度的体質の残る町工場から脱しきれていなかった。五四年の試練は近代的大企業に脱皮する節目であり、それを成し遂げたのはもうひとりの創業者、藤澤の才覚であった。

不況で始まった翌五五年の景気は、秋から急速に上向いた。神武景気の到来である。自動車業界では初代トヨペット・クラウンが登場し、東京通信工業（後のソニー）が初のトランジスタラジオを発売して話題になった。イノベーション（技術革新）が投資を生み、それが再び投資を生むという好循環が始まった。高度経済成長の幕開けである。

「茶室」で青写真

五四年の危機を乗り越えた後、藤澤は本社と離れた銀座の越後屋ビルに一室を借り、周囲の壁を真っ黒に塗った一室にこもった。一方、本田はマン島レース出場宣言を実行に移すべくエンジン開発のために埼玉県・白子工場に通う。二人の創業者は八重洲の本社から離れて、文字通りの分業体制に入った。以降、二人が引退するまで顔を合わせるのは料理屋で年に数回程度というから、我が道を行くスタイルは徹底している。

銀座の事務所にこもった藤澤は、町工場の延長として発展してきたホンダが大企業になるには何が必要かをひとりで考えた。当時の花形企業ともてはやされた東洋レーヨン（現・東レ）、同業のトヨタ、日産、さらには日立や松下などの有価証券報告書を集め、学者やアナリストではない実務家の視点で経営を分析した。

勉強に疲れると銀ブラをして事務所に戻り、チャーチルやドゴールの大戦回顧録を読みふけった。二人のリーダーが難局にどう立ち向かったか――経営者として教えられることが多かった。引きこもりの効用は、三菱銀行副頭取の川原福三（後にホンダ監査役）のアドバイスからヒントを得た。

「君、茶室をつくれよ。電話もおかず、外部といっさい遮断した生活をしなさい。自分の尊敬している方々が、昔、そうなされたことが三菱にとって大変効果があったんだよ」

藤澤は「私はお茶はできませんし、またやる気もないのです」と答えたが、本社からほどよい距離にある別室は、瞑想にふける格好の「茶室」になった。

最初は会社に出ないでいるのが妙な具合だったが、会社という組織を一度突き放して眺めるうえでは大いに効果があったようだ。藤澤は後年、新築した東京・六本木の自宅に茶室を設けている。

藤澤の愛読書は他に、ジャーナリストの清沢洌の『日本外交史』や、歴史学者、平泉澄の『万物流転の法則』など。清沢は反戦リベラリスト、平泉は皇国史観の信奉者。奇異な組み合わせだが、藤澤はこれらの書物から経営のヒントになる断片をいいとこ取りしていたようだ。

企業はアートである

このころ藤澤は「企業はアートである」と、企業組織や経営を芸術になぞらえている。自由闊達な精神、感性をとぎすました創造性こそ活力の源泉だと彼は信じた。

「世間には本田と藤澤は仲が悪いのではないか、といった浅薄な噂も流れていたようですね。けれども、トップが一緒に行動する必要がどこにありますか。年中一体であるということは、裏返せば、お互いの意思が完全につながっていないことを示すものではありませんか。タテ糸が通っていれば一見ばらばらの行動であってもいいんですよ。

私は音楽が好きなものですから、音楽にたとえるんですが、十九世紀までのシンフォニーは、ここが第一バイオリン、ここは第二バイオリン、ここはチェロといった具合に、それぞれグループになって、整然としたハーモニーを生み出すんですね。ところがバルトークあたりになると、それぞれがばらばらになってくる。遠く離れたものが一見、勝手放題に動いて、しかも全体として素晴らしい音楽的世界を形成するようになります。近代産業のトップ経営者の動きは、二十世紀後半の音楽みたいなものだと思うんです。グループでくっついていなければトップでないなどというのはおかしい。トップは、それぞれの分野において独自の行動を果敢になさねばならないので、それぞれの行動の集積が一つの目標に向かう経営の世界をつくればいいんじゃないですか」（『松明は自分の手で』）

藤澤はゴルフやドライブといったアウトドア型の趣味には興味がなかった。運転免許証は持ってはいたが、靴べら代わりに使っていた。

だが、大の芸術好きだった。ことに音楽は洋楽、邦楽ともに造詣が深く、常磐津は名取となり、ワーグナーのファンでバイロイト詣でにドイツまで出かけるほど。美術、工芸、宝飾と一流品に目がなかった。一流作品にふれることで感性を磨き、経営という優れて創造的な営為に生かそうと努力した。

こうした思索の中から、藤澤は「エキスパート（専門職）制度」「研究所の独立」「集団思考の役員室」など、後のホンダの飛躍につながる独特の経営システムを立ち上げた。

量産型のヒット「スーパーカブ」発案

お互いにわが道を行き、普段は没交渉の二人だが、目指す目標は同じである。二つの個性がうまく絡み合って誕生したのが、一世を風靡した「スーパーカブ」だった。このヒットによってホンダは世界一のオートバイメーカーに飛躍した。このイノベーションこそ、本田の技術思想と過去の蓄積の集大成であった。

一九五六年の暮れから翌新春にかけて、本田と藤澤は二人で一緒にドイツとイタリアへ視察旅行にでた。往路の機中で、藤澤は隣の本田にこう水を向けた。

「社長、どうしても五十ｃｃだ。カブのように自転車に取り付けるようなもんじゃ、もうだめだ。ボディぐるみのものでやってくれないか」

自転車用補助エンジンに替わって、モペットと呼ばれるペダル付きバイクが日本でも姿を現しはじめていた。大衆向けの汎用商品で底辺を固める。見込み生産によるマスプロシステムを構築する。そのためには基盤になる売り物が藤澤はどうしても欲しかった。

「そんな……。五十ｃｃで乗れる車なんか作れるものか」

本田の関心はもっぱらスピードと馬力のある先端エンジンにある。

南回りの欧州便は各駅停車で七十二時間かかる。目が覚めるたびに藤澤は五十ｃｃの話を持ちかける。うるさがる本田にしつこく粘る。

「これがなきゃ、だめなんですよ。これができないってんなら、本田技研は将来そう発展しないもんだと俺は思うよ」

ドイツで二人はオートバイを見て回る。藤澤にさんざん吹き込まれたせいか、それらしきものがあると本田が尋ねる。

「こんなのどうだい」

「だめだ」

「これは？」

「こんなのつくったってしょうがない」

「ないじゃないか」

「ないから、つくってくれというんだ」

藤澤の挑発に本田持ち前の創意工夫の技術者魂が頭をもたげた。帰国するころには大まかなイメージができあがっていた。役員会が開かれ、新製品の開発指示が二人から告げられた。

創意工夫の集大成

本田の技術哲学はエンジンの高速回転の徹底的な追究と、独創的なデザインにある。速さと美とが二大要素である。

設計室に朝一番で乗り込んできた本田は「おい、昨日の晩、こういう風に考えたんだ」と大きな声でしゃべり出す。スタッフが集まってくるうちに本人も興奮してきて口から泡を飛ばして説明する。

そのうちじれったくなって、床に座り込んでチョークで構想を描く。描いているうちに考えが先に進んで、描いた図を手で消してまた描く。まるで大道芸人のようだったという。

所員が設計図を引き始めると、肩越しに見ていた本田が「これじゃ駄目だ」と、せっかくきれいに描いた上に鉛筆で乱暴な線を引いてしまう。戦々恐々の設計陣だが「何しろ図面を見るのが恐ろしく速い。勘が鋭くて、問題点を一目で見抜いてしまう」とその鋭さに感服する。「創意工夫は苦しまぎれの知恵である」「常識は破るためにある」という本田語録を自ら実践してみせた。

「これはオートバイでもない。スクーターでもない」と本田がイメージした二輪車はデザインだけで八か月を要した。かつて、スクーター「ジュノー号」で失敗したプラスチック利用の経験、蓄積がここで生きた。

実車そのままに模型が仕上がったところで、本田は藤澤を研究所に呼んだ。かけつけた藤澤に、本田はおよそ十五分ほどかけてクルマの今までにない特長をまくしたてた。

「どうだい専務。これならどのくらい売れる？」

「うん、これ売れる。絶対売れる。まあ、三万台だな」

立ち会った研究所員が「年間三万台ですか」と口をはさんだ。

「バカ言え、月に三万台だよ！」と藤澤。

さしもの本田も「ええ！」と一瞬目をむいた。

ホンダの二輪車の販売台数が月六、七千台。日本中のオートバイの販売台数が月間高々四万台である。一機種で月三万台という数字に度肝を抜かれたのも無理はない。

藤澤は本田に「横に寝ているやつが、買ってもいいわよ、というクルマにしてくれ」と頼んでいた。奥さんが亭主にOKを出すような二輪車という意味合いである。

オートバイはエンジンむき出しで軀体もごつごつと荒々しい。女性にとっては怖い乗り物だ。だから「今度のクルマは臓物の見えないクルマに」とも注文した。折から、電気洗濯機、掃除機、冷蔵庫が「三種の神器」として普及し、主婦が消費の主導権を握る時代になっていた。オートバイも、女性も乗れる家電感覚のものが望ましい。フロントフェンダーやバッテリーボックスの素材にポリエチレンを採用することで曲面を押し出したスマートなモデルは、藤澤のイメージにもぴったりだった。

月三万台という成算が藤澤にあったわけではない。営業はそれくらい売る覚悟だからしっかり作ってくれと圧力をかけたのだ。

販売を仕切っていた川島喜八郎の証言――。

「藤澤さんのすごいところは、スーパーカブの開発の時に、市場にふさわしい商品価格を本田さんに前もって提示していたところです。本田さんはそれに応じて開発を指示する。だが、技術屋の良心で、妥協できないところはどんどん直すからコストが上がります。ところが藤澤さんは、この商品のマーケットではこの価格であるべし、とコストを無視した価格を付けた。びっくりしましたねえ。五万五千円ですから。月千台単位しか売れなければ、コスト割れもいいとこです。しかし、三万台売れればコストが合う。これにぜひとも合わせてもらいましょう、と小売り価格を設定してしまった。よし、それならやってみせようと頑張る本田さんもすごい」

着手から約一年八か月という、ホンダとしては異例に長い開発期間を経て、スーパーカブは五八年夏に発売された。

市場を拓く

販売に当たって藤澤はまたもダイレクトメール作戦を採用した。オートバイ店、自転車店はもとより、無縁の材木商、乾物店、シイタケ栽培業者など、異業種に参加を呼びかけた。アフターサービスの要る商売だから地域に根付いた人に売ってもらうという発想であり、これを機に販売網も再編した。

三千五百通の応募から約六百を選び、全国で千五百店のネットワークで月三万台を売ろうという目論見だ。

宣伝広告も藤澤の独壇場だった。発売製品の中身を小出しに予告する、今でいうティーザー広告、新聞の全面広告と、奇抜、大胆な手法をとった。

「こと宣伝・広告になると、私たちも口を出せない禁漁区みたいなもの。藤澤さんが一切やってしまう」(川島)

そのころ藤澤は、社外の若者を集めてブレーンにしていた。デザイナー、音楽家から証券マンまで多種多様。酒を飲みながら話を聞いた。そんな中から名コピーも生まれた。

「ソバも元気だおっかさん」――もその一つ。そば屋のおやじが店の前で、出前持ちの格好。片手はスーパーカブのハンドルを支えている写真を付けた。

本田は開発に当たって「ソバ屋の出前のお兄ちゃんが、片手で乗れるクルマにする」と言い、クラッチ操作を手でやらない自動方式を編み出して採用した。

「社長が、スーパーカブはそば屋に向いている、と言っている。そのテーマで行こう」と、この広告ができあがった。広告効果でそば屋の購入が増え、町中で同じ姿の出前持ちを見掛けるようになった。

生産台数は直線的に増加し、生産を新設の鈴鹿工場に移す六〇年には二万五千台になっていた。藤澤が発案し、全盛期の本田がモノ作りの才能を傾注した傑作「スーパーカブ」は、その後も大きなモデルチェンジをすることなく、いまも十三カ国地域で生産、世界百六十カ国地域で販売されている。二〇〇五年十二月末で累計五千万台を突破した。

「ソバも元気だおっかさん」の名コピーをあしらった
スーパーカブの雑誌広告。スーパーカブは、昭和33年
（1958年）初登場以来、ロングセラー商品に。
〔資料提供 ㈱東京グラフィックデザイナーズ〕

研究所の独立

六〇年七月、ホンダから独立した(株)本田技術研究所の創立式典が行われた。新会社の株式の五十％は本田技研、残りの五十％を本田・藤澤で折半。社長が本田、副社長は藤澤である。

挨拶に立った本田は「この競争の激しい中で、全く独創的なアイディアを作り出さねば世界を相手に太刀打ちできない。日本という国は、昔からアイディアで発展した国だ」と、世界の土俵で技術競争に立ち向かう決意を示した。

自動車メーカーで研究開発部門を別会社にしているのは今もホンダだけである。この構想も藤澤が発案し、半ば強引に実現したものである。

「ホンダがここまで伸びてきたのは本田宗一郎の考えた図面(技術)が良かったからだ。しかし、いつまでも一人の天才の能力に頼っているわけにいかない。それに代わる技術者集団を確保し、集団としての能力を向上させる仕組みが必要だ」

藤澤は本田の奮闘ぶりを見るにつけ、こう考えていた。ホンダの業容はとうに本田の個人プレーの領域を超えていた。当時は、本田がいなくなった後の開発力を思うと空寒くなる状況だった。

藤澤は第一段階として、技術者が昇進、昇格で不利にならないよう処遇するエキスパート制度を導入した。第二段階が五七年に設置した研究所の分離・独立である。

技術者が思う存分研究に没頭できる環境は、本社内のピラミッド型組織の中では作れない。それには研究所を分離独立させるしかない。

「若い時分に読んだ漱石の本（『三四郎』）の中に日露戦争で国を挙げて大騒ぎしていたときに、大学の地下室でガラスを磨いた学者の話がありました。この話が、私の頭にこびりついて以来四十余年離れないいんです。企業に望まれるのは、このガラスを磨いたような人が穏やかに落ち着いて仕事ができる環境をつくって差し上げることですよ。それでこそ、技術者の層が厚くなって、企業を守る商品を見つけだしてもらえる」（藤澤『松明は自分の手で』）

藤澤は技術研究所設立の後、本田・藤澤が保有する五十％の株を財団に移管することでもう一段、研究所の独立色を強めようと「創成会」という財団の設立に動いた。この計画はアメリカで預託証券を発行するうえで問題ありとアメリカの引き受け会社から疑義がでたために幻の構想に終わったことを「ホンダ５０年史」は紹介している。「幻の技術研究所構想」は藤澤が、研究所――技術開発に対しいかに期待をかけていたかを示していて興味深い。

六一年、埼玉県大和町（和光市）に研究所の新社屋が完成した。案内書に本田は技術研究所所長としてこんなメッセージを寄せている。

「企業発展の原動力は思想である。従って、研究所といえども、技術より、そこで働く者の思想こそ優先すべきだ。真の技術は哲学の結晶だと思っている。私は世界的視野という思想の上に立って、理論とアイディアと時間を尊重し、世界中の人々が喜んで迎えてくれる商品を送り出すことに、研究の真の意義を感じている」

この時期、藤澤は研究所の分離・独立を進め、技術屋の本田を面食らわせるほど技術の充実に傾斜した。対して、本田は「技術よりも思想だ」と理念の重要性を訴える。このあたりが絶妙のコンビネーション、あうんの呼吸である。立場、拠点は違っていても二人の目線は「世界」に向いていた。

世界市場に挑む

本田と藤澤がヨーロッパ視察に出る同じ時期、営業課長の川島喜八郎は東南アジアをまわって市場を調査した。翌年五七年はアメリカを視察した。川島の目に映ったアメリカは、まさに自動車の国だった。市民にとって自動車は下駄がわり、生活に欠かせぬ必需品である。一方、オートバイを乗り回しているのは「ブラックジャケット」と呼ばれる革ジャンパーを着た暴れ者で、年間六万台くらいしか売れない。多くのモーターサイクルの販売店は薄暗く、床はこぼれたオイルで汚れていた。暗い、怖い、汚いの三Kイメージである。

「アメリカはとうていオートバイの国ではない」と実感した川島は「手始めとしてはアメリカよりも東南アジアの方が手がけやすいのではないか」と提案した。

だが藤澤の考えは違った。アメリカこそホンダの夢を実現できる主戦場というのが持論だった。

「資本主義の牙城、世界経済の中心であるアメリカで成功すれば、これは世界に広がる。逆にアメリカで成功しないような商品では、国際商品になりえない。やっぱりアメリカをやろう」と言い出した。

輸出にあたって商社を使おうという意見を述べる役員もいた。これについても藤澤は、ホンダ直営の販売会社（アメリカン・ホンダ）を新設して独自の販売網を開拓すべしと主張した。

「スーパーカブ」という製品ができたことで輸出環境が整った。同時に、この二輪車は量産によって利益をあげるマス商品だから輸出は不可欠になった。当時はまだ外貨不足の時代。通産省からは「ホンダさんは外国から（工作）機械を一番買っているのにちっとも輸出しない」と皮肉を言われていたが、いざ現地法人を設立しようと資本金百万ドルの外貨持ち出しを大蔵省に申請すると却下された。大手自動車メーカーさえ現地で苦戦しているのに、オートバイが成功するわけがないというのがその理由だった。

「後にも先にも代議士先生にお願いしたのは一回限りですが、このときばかりは力を借りざるを得ず、必ず日本のためになる、こんど限りもういっぺんドルを使わせてください、とお願いに上がりました」（藤澤）。なんとか大蔵省の許可を得た。

五八年五月、藤澤は川島を呼び「おまえ、アメリカへ行け。俺の切り札はおまえしかいない」。三十九歳の川島は「おれがこんなでっかい仕事していいのかな。えらい仕事を仰せつかった」と戸惑いながらもアメリカン・ホンダの支配人として渡米し、ロサンゼルスに事務所を見つけて五九年九月から営業を開始した。

「スーパーカブ」はアメリカでも人気商品になった。フロントカバーと幅広いステップを持つスタイル。女性が乗ってもスカートがめくれにくい。オートバイらしからぬオートバイはモーターサイクルの３Ｋイメージを変えるに充分だった。

二百五十ドルという価格は、大学生が小遣いをためたりローンを組んでも買える。彼らのキャンパス間の移動用として注目されはじめた。六一年には目標の月間一千台を突破した。「ライフ」などのグラフ誌に広告を打ち、モーターサイクルがおしゃれで経済的な大衆商品であることをアピールした。スーパーカブは誕生日のプレゼントとして人気を集めるまでになった。六四年にはアカデミー賞の授賞式に外国企業としてはじめてスポンサーになり、テレビＣＭが全米に放映された。イメージ作戦はアメリカ社会に根付いていたモーターサイクルの悪しきイメージを払拭した。「ＨＯＮＤＡ」ブランドのオートバイはアメリカ市場に定着、世界企業への一歩を着実に踏み出した。

「世界を狙うなら先ずアメリカから」という藤澤の思想は、ずっと後、七八年から始

二輪車工場の鍬入れ式に出席するため、オハイオ州・コロンバス空港に降り立った本田宗一郎・さち夫妻と河島喜好を迎える同州知事のＪ・ローズ（右から二人目）。この時、本田はアメリカの記者から「なぜオハイオを選んだのか」と問われると、（数多くの州から誘致を受けていた点を配慮して）「神のお導きによるものです」と答えた。

まる現地生産で本格的に開花した。

対米工場進出を実現したのは本田の後を襲って社長に就任した河島喜好である。七二年に発売したシビックが国内、輸出とも好調という状況をうけて鈴鹿工場の生産ラインを増設する案が浮かんだ。河島は「国内で増産体制を作るより、日本の自動車メーカーがどこも出ていないアメリカに二輪車工場、ひいては四輪車工場を作っておきたい」とアメリカでの現地生産の準備を開始した。

「あの決断はそんな格好いいものじゃなくて、己を知っていたということ」と河島は言う。「実はシビックが発売四年目で大ヒットしたので、鈴鹿製作所に増産のための第二ラインを新設することを一度取締役会で決定した。しかし、社長だった僕はどうにも乗り気になれない。この計画を実行すると、トヨタと全面戦争になる。それは得策じゃない。当時のホンダとトヨタでは、十両にも上がっていない力士が横綱に挑むようなものだった」と決断した河島は「それならいっそ、アメリカに工場を造ろうじゃないか」と川島、西田の両副社長に提案した。

「二人はあわてたね。賛成してくれたのは本田さんと藤澤さんの両創業者だけだった」。本田は「戦後日本の自動車産業が勃興したのもアメリカのおかげ。本場でやろう」と励ました。しかし、ほかの役員は全員反対。為替相場がどうの、労働者の質を問う声もあった。

七八年、ホンダは現地法人を設立してオハイオ州南西部のイーストリバティーに工場を建設し、日本の現地生産一番乗りを果たす。七九年の二輪車からはじめ、八二年からアコード、八六年からはシビックと乗用車の現地生産に乗り出し成功させている。貿易摩擦が激化した時でも「ホンダはアメリカ経済に貢献している」とまで評価された。

現在、ホンダのバイクは日本では二割弱しか作っていない。乗用車も海外の方が多い。

現社長の吉野浩行は「日本の自動車市場は軽自動車を含めても世界の十分の一で、残り九割は海外にあるんです。海外での生産・販売比率を九割にすれば、日本市場が低迷しても痛くもかゆくもない。世界の中で競争してこなかった業種が今苦しんでいる。たとえば金融、建設、不動産。自ら世界に出て、そこで競争してきたところは、そんなに苦しんじゃいませんよ」と胸を張る。

アメリカの消費者は国籍、企業の大小を問わず良い製品であるなら先入観抜きで評価し、購入する。ソニー、ホンダもアメリカ市場で製品が評価されて飛躍につながった。藤澤の「まずアメリカから」という発想は的を得ていた。

集団思考型の役員室

「創業者の一番大事な仕事は、次の世代に経営の基本をきちんと残すことだ」

藤澤は常々こう言っていた。

研究所を別会社にして独立させた藤澤のねらいは、一人の天才、本田宗一郎に替わる集団としてのエキスパートの能力をフルに発揮するための仕組みづくりであった。

同時に、経営のエキスパートである自分の後継者を育てなくてはいけない。

本田が「私の履歴書」を書いた六二年の春には、河島喜好が三十四歳で取締役になり、その前後一、二年の間に若い役員が次々と生まれた。河島は埼玉製作所長、川島喜八郎はアメリカン・ホンダモーター支配人、西田道弘は外国部長、白井孝夫は技術研究所長と、後に専務となる後継者候補はすべて部所長を兼務していた。

ある日、藤澤は彼らを八重洲の本社に呼び、「担当を外す」と宣言し、本社大部屋の役員室で執務するよう命じた。

「俺たちは毎日仕事があったのに、ここにきたら何をすりゃいいんだ」

「俺は長いこと工場にいたんだから、本社に来てもしょうがない」

彼らは藤澤を「おじうえ」と呼んでいたが、その真意を理解するのに三、四か月の時間を要した。

「考えてみれば私たちは担当部署の仕事はしていても、取締役としての仕事は何一つしていなかった。そのことを身をもって感じ取れるように、藤澤さんはこの人事を断行した」（西田道弘元副社長）

藤澤は「取締役とは何をすべきか考えろ」とテーマを与えた。毎日、メンバーは討議を重ねた。禅問答に近いテーマを抱え、銀座のおでん屋や焼き鳥屋に足が向くこともあった。

ホンダの大部屋の役員室。課題や相談事などのスピーディーな解決は、このような話し合いの中から生まれた。左から２人目が河島喜好。

「本田さんと藤澤さんが出会ってすぐのころ、まるで新婚夫婦のように常に行動を共にし、議論を重ねていました。ホンダが創立されて七年ぐらいまでの間に企業理念と言うべきものが固まった。それと同じように、形こそ違いますが、私たちも、さまざまなことを議論し合いました。お互いの性格までもよくわかり合えました」（西田）

藤澤はこれを「集団思考型の重役室」と称し、その意図をこう記している。

「重役になるくらいの人は、何かの

エキスパートです。そういう人の担当部門をなくし、部下を管理するわずらわしさからも離れてもらって、一人だけの力で一部屋の役員室に集まってもらう。毎日の話題は経験のないことでも、重役になるくらいの人は、担当者が気がつかないことを見つける力をもっているものです。また、共通の話題が厚くなれば、専門的な事柄もわかってもらえるから、話しやすくなり、誤解の出ようも少ない」(『松明は自分の手で』)

組織が大きくなると官僚制の弊害が出てくる。部門の長は部下の管理、稟議書や決済のハンコ押しに明け暮れ、組織防衛ばかりに目が向く。研究所は文鎮型のフラットな組織に変えることで環境を整えた。だが、工場や業務・管理部門はどうしても指揮命令系統がピラミッド型になるのは避けられない。官僚組織の会社――大企業病にならぬようにするには部門の長の発想から離れて、大所高所から会社を見直してもらう。それが本田や自分がいなくなった後の集団指導体制の準備になる。ベンチャー精神を維持するため、幹部間の意見交換を活発にし、意思決定を速めるのが目的だ。

本社から離れた「茶室」で藤澤はこう考えたのだ。

二つの個性

藤澤は一貫して本田を表看板に立て、自らは黒子に徹した。それを守りきることに自らの存在意義を感じ、男の美学を見ていた。本田宗一郎という名優を振り付け、舞台で見得を切らせて大向こうをうならせる。そこに生きがいを感じた。最後の大仕事が、名優にふさわしい花道を用意することであった。

小型車のシビックが大ヒットし四輪車メーカーとしての地歩を固めた創業二十五年を格好のタイミングとみた。その年の正月、藤澤は腹を固め周囲に引退をにおわせたが、本田の意向は聞かなかった。直接、本田に言ったのでは対応に困るだろうという遠慮があった。藤澤の辞意を役員たちから聞いた本田が「辞めるのは二人いっしょだよ。おれもだよ」ともらしたことを聞いた藤澤は後悔した。

「私は本田宗一郎との二十五年間のつきあいのなかで、たった一回の、そして初めで終わりの過ちをおかしてしまいました」。

「中国文学の吉川幸次郎先生が、経営の経の字はタテ糸だ、と書いておられるんですが、大変うまいことをいわれる。布を織るとき、タテ糸は動かずに、ずっと通っている。営の字の方は、さしずめヨコ糸でしょう。タテ糸がまっすぐ通っていて、はじめてヨコ糸は自由自在に動くわけですね。一本の太い筋は通っていて、しかも状況に応じて自在に動ける。これが経営であると思うんですよ。

本田宗一郎と出会って、本田技研の創業にたずさわった最初の二年ぐらいの間、膝を付き合わせてずいぶん話し合ったものです。明け方三時、四時まで話し込んじまうなんてこともしばしばでした。この対話から生まれたものが、本田技研のタテ糸になったわけですが、このタテ糸を性格付けたのは本田のヒューマニズムであり、私のロマンチシズムだったといっていいでしょうね」(『松明は自分の手で』)

本田と藤澤は風貌、性格、趣味……あらゆる点で対照的である。本田は小柄で敏捷。多弁でムダ口も多く、喜怒哀楽を直截にあらわす。生来のネアカで短気な行動派だ。

藤澤は大柄で挙措も落ち着き、どちらかというと寡黙。服の好みも本田はスポーツカー顔負けの原色好み。藤澤は和服を愛用、白足袋に草履の着流し姿で悠然と出社することもあった。読む本といったらせいぜい立川文庫で、耳学問を得意とした本田に対し、藤澤は文学書や回顧録、戦記などの歴史書を愛読した。

本田は若いころは芸者遊びに励み、尺八などの芸事もたしなんだが、仕事の機械いじりが唯一最大の趣味だった。現役を退いてからはゴルフに凝り、暇つぶしに日本画を習った。遺作の犬の絵などをみるかぎり、毛の一本一本を詳細に写した徹底したリアリズムである。藤澤は運転、スポーツに無関心だが、室内型の教養派。一流の絵や舞台芸術を好んだ。

だが、生き方の哲学は見事に共有していた。互いの美質を尊敬し、個性を尊重した。そのかわり、言うべきことは率直かつ本音で主張した。その裏返しというべき丁発止の冗談は、漫才コンビのようにいつもかみ合っていた。

二人とも貧しい環境で育ち、大学などの高等教育を受けていない。若くして事業経営者になり自立を果たした。貧しい境遇と早くからの独立、戦争体験は、二人を「人生の達人」にした。この姿勢は部下に対しても同様であり、若い後進に大幅な権限委譲をした。本田は拳骨はもとよりスパナを投げつけ、藤澤も大声でどなりつける。厳しい面もあったが、オヤジとおじうえの叱責は陰にこもらず陽性だった。二人とも隠れた努力家であり、気配り細やかな人間通だった。

二人とも私利私欲に恬淡で、公私混同は自ら厳しく戒めた。お金に潔癖で、遊ぶときには自腹で通した。五四年の経営危機のころに「お互いに息子を会社に入れるのはよそうや」と約束し、同族化を避けた。

アート商会浜松支店の時代から仕事を共にしてきた技術者で、本田の七歳下の実弟、弁二郎は、六二年に常務を辞めてホンダを去っている。松下電器産業、トヨタ、ソニー……。多くの創業者が子弟を後継に迎えているなかで、この流儀は例外といっ

本田と藤澤武夫の爽やかな笑顔。第3回オールホンダアイデアコンテストにて。昭和47年（1972年）。

ていい。

引退後、藤澤は請われれば経営指南役としてアドバイスをしたり、和服姿で本社を訪ねることもあったようだが、表舞台に出ることはなかった。悠々自適。六本木の自宅に隣接して息子が開業した美術骨董店の「高会堂」の大家を決め込んで、常磐津、クラシック音楽、美術など趣味に打ち込んだ。

八八年十二月三十日夜、藤澤は鍋料理で一家団欒を楽しんだ後に心臓発作を起こし、そのまま息を引き取った。享年七十八歳。翌年一月に東京・芝の増上寺で執り行われた社葬で本田は「燃えるだけ燃え、二人とも幸せだった。二人いっしょのときは思い出話などしたことはなく、将来の夢しかなかった」と亡き盟友に感謝した。

6　葬式無用

お礼参りの旅

六十五歳で社長を辞めた本田は、まだまだ元気である。無為のまま一日をもてあますことに耐えられず、「ホンダのためにがんばってくれた人たちにお礼を言いたい」と日本全国の工場、販売店を行脚する「お礼参り」の旅をはじめた。自家用ヘリコプターを乗り継ぎ、陸路は自分でクルマを運転した。ビジネスヒーローは行く先々で歓迎され、握手攻めにあった。握手旅行は国内をまわるのに一年半。二年かけてようやく頭の中からエンジンの音が消えた。

仕事に対する執着は消えたが、それでも持ち前の好奇心は衰えない。

「燃焼」研究の延長としてヒトダマの実験をしてみせたり、ＵＦＯの資料を世界中から集めたり。ホンダの金看板として、社会貢献、海外文化交流などの対外活動に精力的に取り組んだ。

あちこちの役所、団体から委員や役員の就任依頼が舞い込み、対外活動も増えた。講演やマスコミでの対談依頼も殺到した。八一年春には勲一等瑞宝章を受賞。各国から勲章や博士号も贈られた。八九年にはアメリカの自動車殿堂(Automotive Hall of Fame＝ミシガン州)に、日本人としてはじめて殿堂入りした。

一九九〇年は、F1に対する貢献でFIA(国際自動車連盟)からゴールデンメダル賞を受けた。フェリー・ポルシェ、エンツォ・フェラーリに次ぐ史上三人目の栄誉だ。

毎年七月に西落合の広大な自宅で催す「アユ釣りパーティー」に招く知人、友人は政財界から文化・スポーツ界におよび、交友関係の幅広さを示した。

本田と藤澤はさまざまな社会貢献活動もしている。

「作行会」は六一年、二人が私財を拠出して設立した奨学金制度。科学技術者の卵を支援する趣旨で運営され、延べ千七百三十五人の研究者が恩恵を受けた。奨学生には三年の支給期間に外国語の論文を一つ書くことだけが求められ、奨学金の使途に制限はない。二人は「足長おじさん」に徹し、八三年に解散するまで拠出者としての名前を伏せた。二人は引退後に財団法人「交通安全学会」も設立している。

また、本田は七七年、弟の弁二郎とともに四十億円の私財を投じて「本田財団」を設立、環境技術を基本テーマにした国際シンポジウムや本田賞の授与などを続けてきた。

井深との交友

同じ経済人として本田と最もウマが合ったのが、ソニーの創業者、井深大であった。

井深は本田より二つ年下。ホンダとソニーが戦後新興企業として成長街道を驀進していた五八年ごろに知り合った。ともに戦後の激動期を歩み、挑戦心と勇気で世界企業を築き上げ、ほぼ同時期に一線を退いた。なによりも「ものづくり」にかける創意工夫の技術者魂において琴線が触れ合った。「お互いに頼んだことは必ず引き受ける、という約束を結んだ間柄」（井深）だった。

臨時行政調査会（土光臨調）の答申が骨抜きになることに危機感を抱いた井深に誘われて引き受けた行革推進全国フォーラム。代表世話人の二人がコンビで全国を講演

井深大（ソニー株式会社ファウンダー名誉会長）（左）と本田は常に“厚い友情”を感じ合っていた。昭和61年（1986年）。

してまわった。井深との対談（八四年『オレたちの行革』）で本田は、「オレはね、世の中の人に警告したいのよ。とにかく役所のいうこときいたら会社は潰れる、とね。オレはそういう原則持ってる」と息巻き、井深は「結論が出たね」と同調している。「行革」から「教育改革」に看板をかけかえようとする中曽根内閣を皮肉りながら、話が「教育談義」になると二人のボルテージはにわかに上がった。

本田　「ぼかね、学校へ行ってないからね、よくわかんです、行った人より。というのはね、学校へオレなぜ行かなかったかというとね、オレの嫌いな学問も教えるからいやなんだ。自分の得意のものだけ教えてくれるなら、学校は好きだ。なんでもできるってことは、なんでも知らんことに通じるんですよ。理屈をいう半端人足しか作れないのが、いまの教育の問題点ですね。本人が得意なものはなんにもやらせずにいたら企業なんて十日ももちゃしない」

井深「義務教育自体すでに必要ないのです。なぜ、義務教育って制度を作ったかっていったら、明治の初めに、学校へ来い、来いっていってもなかなか来なかったから、来ないやつを無理に国民の義務として学校へ通わせた。いまもうそんな……」

その盟友、井深との縁で大分県に設立したのが、障害者が働ける会社「ホンダ太陽」である。

七八年一月、本田は井深の紹介で大分県別府市で整形外科医の中村裕が運営する「太陽の家」を訪ねた。中村は「世に心身障害はあっても、仕事に障害はない」「保護より働く機会を」と提唱。障害を持つ人の本当の幸せは生産活動に参加し、社会人として健常者とともに生きることにあると、六五年に社会福祉法人の授産施設を建設、運営していた。

中村の案内で重度の身障者が懸命に作業する様子を見た本田は「どうしてだ。涙のやつが出てきてしょうがないよ」と感動した。そして、「よしやろう。ホンダもこういう仕事をしなきゃだめなんだ」と言い出し、さっそく、二輪車のスピードメーターなどの仕事を委託した。

八一年、関連会社の出資も得て「ホンダ太陽」を設立した。生産活動の管理運営を行い「太陽の家」が健康管理と日常生活の支援をするというシステムだ。この工場では車椅子などを生産している。

葬式無用

二年半後の九一年八月五日、ガンに冒されていた本田は肝不全のため入院先の順天堂病院で八十四歳の生涯を終えた。世界のメディアがその死を報じた。米紙「ニューヨークタイムズ」は一面で追悼記事を掲載し、「政府のやり方に抵抗した反骨の自動車技術者であり、戦後の荒廃から世界最先端の企業をつくり上げた経営者」と紹介した。

生前、本田は遺言代わりに「社葬をしてはならない」と言っていた。「社葬なんかすれば交通渋滞の原因になり、世間に迷惑がかかる。そんなことはクルマ屋として絶対にやってはならない」

社葬に代わる「お礼の会」を東京・青山の本社のほか埼玉、鈴鹿など各製作所で開催した。会場には延べ六万二千人が訪れ本田を偲んだ。井深大は本田逝去の報に接し、「お葬式やお通夜もなさらない。本田さんはこの世の中にいろいろなものを残されたが。これは本田さんに一番最後に感心させられた大事件である」と新聞にコメントを寄せた。

会場を訪れた井深は、帰りがけに急に引き返し、ホンダとソニーが共同開発した小型発電機の前でしばらくたたずみ、「もう少し作れ（まだこっちに来るなよ）という本田さんの声が聞こえるんだ」とつぶやいた。その井深も九七年十二月この世を去った。「モノづくりの天才」とだれもが掛け値なしに認めた人物は日本から消えた。

だが、創業者精神は形を変えつつ生き残っている。多くの名門、一流企業が業績不振や不祥事の危機に見舞われる中で、ホンダもソニーも飛躍を続け、方向に大きなブレがない。企業としてのアイデンティティーがしっかりしているからで、その背骨を支えるのが本田や井深が植えつけた創造的企業家の精神にほかならない。

第三部　本田宗一郎語録

三つの喜び

私は、わが社のモットーとして「三つの喜び」を掲げている。すなわち三つの喜びとは、作って喜び、売って喜び、買って喜ぶ。

第一の作る喜びとは、技術者のみに与えられた喜びであって、造物主がその無限に豊富な創作欲によって宇宙自然の万物を作ったように、技術者がその独自のアイデアによって文化社会に貢献する製品を作りだすことは何物にも替え難い喜びである。しかもその製品が優れたもので社会に歓迎されるとき、技術者の喜びは絶対無比である。技術者の一人である私は、かような製品を作ることを常に念願とし努力している。

第二の喜びは、製品の販売に当たる者の喜びである。わが社はメーカーである。わが社で作った製品は代理店や販売店各位の協力と努力とによって、需要者各位の手に渡るのである。この場合に、その製品の品質、性能が優秀で、価格が低廉であるとき、販売に尽力される方々に喜んでいただけることは言うまでもない。よくて安い品は必ず迎えられる。よく売れるところに利潤もあり、その品を扱う誇りがあり、喜びがある。売る人に喜ばれないような製品を作る者は、メーカーとしての失格者である。

第三の喜び、すなわち買った人の喜びこそ、最も公平な製品の価値を決定するものである。製品の価値を最もよく知り、最後の審判を与えるものはメーカーでもなければディーラーでもない。日常、製品を使用する購買者その人である。「ああ、この品を買ってよかった」という喜びこそ、製品の価値の上に置かれた栄冠である。私は、わが社の製品の価値は、製品そのものが宣伝してくれるとひそかに自負しているが、これは買って下さった方に喜んでいただけることを信じているからである。

三つの喜びはわが社のモットーである。私は、全力を傾けてこの実現に努力している。

（一九五一年十二月）

製品の美と芸術

あまり美人でなくとも、姿のよい女の方がいる。自分は顔よりも姿に深い関心を持っている。顔の造作は生まれつきだが、姿を生かす殺すは頭の働きによって定められる。まことに姿は心の鏡だと思う。

上品にも、端正にも、下品にも、知能のいかんはすぐうかがわれるものだ。オートバイにもやはり姿がある。自分の信念では、姿がよければ内容、すなわちエンジンの構造、機能が充実していると思う。

私は上品で、端正で、少しく色気がある姿が好きだ。今度の四衝程ドリーム号E型はいささか、そんな姿を描いたつもりだ。私の描く夢の姿は、この後にまだまだいくつも続いているが……。何でもかんでも、どぎついアクセサリーばかりに気を取られているのは売笑婦のそれと同じで、内容は空虚だから魅力がないものだ。

日本の機械工業は諸外国に全部負けているけれども、自分はオートバイの製造を天職と思い、こればかりは諸外国に劣らぬ絶対に美しい姿で実現したい。必ず実現したいと思っている。

日本のおおよその工場を軍が支配していた時代の製品は、三八式歩兵銃によって代表されるように、実用価値一点張りの域をでなかった。一応の役に立つには相違ないが、世界の商品市場においてはほとんど無価値に等しいものであった。実用価値を具備することは、商品学入門第一課に過ぎない。実用価値の上に、芸術的価値をあわせ備えたとき、初めて完全な商品となるのである。

たとえばアメリカの自動車のごとき、完全な実用価値を具備した上に、高い芸術的価値の域にまで達しているので、世界市場において優秀な商品としてもてはやされるのである。

この意味から、現代の卓越した技術者は、優れた技術者であると同時に秀でた芸術家でなければならない。科学者の知恵と芸術家の感覚とをあわせ持たなければならない。

（一九五二年一月）

資本とアイデア

社会の進歩する速度が緩慢な時代には、事業経営は一つに経済的資本にかかっているということは、事業経営の最も根本的な要求であった。

たとえば、味噌とか、醤油とかのように、その製造に一定の期間を要するものは、一応の資本力を持つものでなければできない事業である。味噌や醤油屋の多くが地方の財産家であるのはこの故である。

しかるに現在のように、過去における十年、二十年の進歩を、一年とか半年に縮めて行なう時代においては、事業経営の根本は、資本力よりも事業経営のアイデアにある。地主によって代表せられるように、封建時代においては所持している土地を持ち続けることによって、その地位を保つことができた。また、第二次大戦前は経済的資本力のあるものは、資本そのものにものを言わせて、その地位を保つことができたが、現在のように世界を挙げて目まぐるしく進歩する時代においては、資本力は事業経営における重要さの度合をアイデアに譲った。

時代に魁《さきが》けるアイデアが経営を繁栄に導くのである。よいアイデアがなければ、いかに金貨の袋を抱いていても、時代のバスに乗り遅れて敗残者となるのである。

資本がないから事業が思わしくないとの声をよく聞くが、これは資本がないからでなく、アイデアがないからである。現に資本は乏しくても新しいアイデアによって、隆々と発展している会社がある。反面、豊富な資本の整備した工場で、多くの人間を擁しながら、事業不振で赤字を出している会社の少なくないことによっても明らかである。

時代の急激な進歩は、事業経営における資本とアイデアとの重要度を転倒させた。

（一九五二年三月）

技術と個性

マチスやピカソの描いた絵には目玉が片方だけの顔があったり、木の股に女の人の股がひっかかったような、私達の常識的な鑑賞眼では理解し難いものがあります。目玉が一つであったり、木の股に女の人の股がひっかかったような絵はありきたりの経験と、他から与えられた見方からすれば、たしかに奇怪であり理解し難いものであります。

しかし、ここで注意しなければならない点は、経験といい、他より教えられた見方といい、いずれも既にあったもの、すなわち、過去のものであることであります。これは、人間の目玉は二つであると定めてかかる既成の経験的な、没個性的な見方を一歩も出ないものであります。

今までの小学校の図画教育の成績採点の基準は、実物に似ているか否かにあったようです。たとえばリンゴを描いた場合、実物に似ているかどうか、実物に似ている度合が成績のよしあしを決定する基準となったようであります。もっとも、進歩した先生方はこのような指導はなさらないようでありますが、とにかく実物に似ているかどうかによって絵の価値を定める、素朴な写生主義をでない絵の評価が広く行なわれていることは否まれません。

もし実物に似ていることに絵の価値があるとすれば、どのように巧みに描いても写真にはおよびません。最近は優れた色彩写真さえもできております。

しかし、いかに写真が進歩しても絵画が尊ばれるゆえんは、絵に描いた人の独自な見方――個性が盛られているからであります。

個性の眼で見、個性によって感じられたものが描かれているからであります。

同じリンゴにしても、北国の寒い冬を凌いだ枝に実ったリンゴを想像して描いたもの、あるいは信濃の高原の、澄んだ大気の中に美しい娘さんたちによって摘まれたリンゴを思って描いたもの、あるいはまた、酸味をともなった甘味のあるさわやかな味感に心を惹かれて描いたもの等、描く人の感じ方――個性に染められて描かれていればこそ、絵画には価値があるのであります。

技術にしても同様であります。個性の入らぬ技術は価値の低い乏しいものであります。従来の日本の技術の大部分はこのような模倣技術でありました。殊に戦時中は外国製品の真似で、外国のアイデアにより、外国の青写真によって製品を作っておりました。その最もはなはだしかったのは軍部であって、いかに優れたアイデアであっても、技術の分かりもしない担当者の判がないため、あたら埋もれてしまったのが、日々の模倣技術の実態でした。

一つ目がおかしいと言うのは、過去の経験からは、ぶざまで、けったいで、見られぬと言うかも知れません。

このように過去の経験にとらわれていたのでは、よい発明、創意工夫はできるものでありません。もちろん過去を無視せよというのではありません。過去は過去として正しく見、しかも過去にとらわれず、過去になじまぬ自由な見方、自由な感じ方をする人にのみ優れた発明工夫が生まれます。過去によって生まれた二次的の知恵を用いたものが発明、創意工夫であり、二次元三次元の世界であります。多くの人ができるとかできぬとか申しますが、できぬと断定できるのは神様だけであります。進歩を運命づけられた人間の辞典には、不可能という言葉はあり得ないと私は考えます。

このように考えますとマチスの絵は片目でもよいのであります。

先に小学校の図画教育においても、進歩した先生方は個性を認め、はぐくむ指導をしておられると申しましたが、書道の教育においても進歩した先生方は、単なるお手本の模写から抜けでて、個性をいかしたクラスの共同鑑賞、共同評価を行なっているようであります。本来「うまい」か「まずい」かではなく、「好き」か「嫌い」かと言うべきであります。

以上述べましたように、私は技術にも個性がなければならぬと信ずるものでありますが、最初から個性がでるものではありません。マチスにしても模倣から出発し、模倣を抜けでて個性の高さに到達したのでありますから、年若い人や経験乏しい人は模倣から出発することは過程として止むを得ませんが、模倣は飽くまで手段であって目的ではありません。私は我が国の技術にもっと個性があってもよいと思います。否、もっと独自な強烈な個性を求め、要求するものであります。

（一九五二年七月）

自戒——工業的道義心について

世間でよく『あの人は人格者だ』と申します。

不正をせず、品行がよく、篤実で人当たりのよい人は確かに人格者であります。

学校の先生とか宗教家についてはまさにこう言うことができます。

しかし技術者にあってはかような世の中の定義はそのまま適用されません。その人がいかに篤実で品行がよくても、その人の作りだす製品が欠点の無い優れたものでなければ技術者としては人格者とは申されません。

よい製品を作って世の中に貢献する人が技術者として人格者であり、またえらい人なのであります。

ここでひるがえって、えらい人について考えてみたいと思います。えらいという言葉を心理的に詮索してみますと、まず学者とか、大将とか大臣とか、富豪とかが考えられます。学問の深い教授、智謀ある軍人、手腕優れた政治家も確かにえらいには相違ありませんが、私は人のえらさは、世の中に貢献する度合のいかんにあると信じます。

限られた人生においてその人のなした仕事の質と量によって、その人の価値は定まると思います。

すぐこわれるような粗悪な製品を作る人は、その人柄がどうあろうとも、技術者としては人格劣等であると断ぜざるを得ません。

某会社の製造している自動車のごときは、ジョイントがガタガタしたまま十年もそのままでありますが、これなど技術的良心の欠如もはなはだしい。技術者としては典型的な人格破綻者と言わざるを得ません。

私は自社の製品について、自ら欠点に気付き、また他から指摘された場合には即刻改正させます。寸刻の猶予も致しません。

乗用者各位のご忠言をわが社の宝とするのもこの故であります。人格者といえば道徳家か宗教家を考え、また、いわゆる人格者であれば、すぐれた技術者であると考えていた既成の観念を、根本的に改めねばならないと私は真剣に考えます。

私は技術者は大衆が求め、大衆に役立つよい品を安価に製造し、技術を通じて世の中に貢献することに努めねばならぬと、自ら戒め、自ら励ますものであります。

（一九五二年九月）

工場経営断想

一、理論の尊重

私の会社では工場経営の根本を理論の尊重に置く。しかも、こと会社の業務に関する限り理論を尊び合理的に処理する。正しい理論こそ古今を通じて誤らず、中外に施してもとらず、普遍妥当な時間と空間に制約せられないものである。

第二次大戦を敢えてし、敗戦の悲惨を満喫させられた原因は「命令のいかんを問わず」とか「宮の楷額《きざはし》づけば厚い涙がこみあげる」「そうだその意気その気持ちを」とかいったアメリカの技術や物量を無視し、生産力を正当に評価し得なかった没理論の精神主義にあった。

当時「一生懸命」が尊ばれたが、単なる一生懸命は何ら価値がない。否、誤った一生懸命は怠惰よりもかえって悪い。一生懸命には「正しい理論に基づく」ことが欠くことを得ない前提条件である。

たとえば人事関係にしても、清水次郎長が、大政、小政を使った封建的な親分子分的方法では近代工業は成り立たない。

理論に基づく各人のアイデア、すなわち創意工夫を尊重するところに進歩発展がある。人間の肉体的労働力は二十分の一馬力に過ぎない。人間の価値は物事を理論的に考え合理的に処理する知恵と能力に比例する。わが社に新しさがあるとすれば、それは従業員の年齢の若さもさることながら、時空を越えて常に新しい理論を尊重するからである。わが社の今後の進歩と発展は、一に懸ってより一層理論的であると否とにある。

二、時間の尊重

多くの人は事業の要素を、資本、労働、経営の三者に求めるが、今一つ重要なファクター、すなわち時間のあることを見落としている。どのように優れた工夫や発明でも、必要なときに提供せられなければ何らの価値もない。「六日のあやめ、十日の菊」は商品価値は零である。

創立日なお浅く、資金も乏しく、設備も充分とは言えないわが社が、自動二輪車工業界において現在の地位を占め得たのは、アイデアの尊重とともに時をかせいだからである。

来年の今頃は、現在わが社で作っている程度の製品を作る同業社がないとは言えない。必要な時に間に合うことが絶対条件である。息を引きとってから到着したのではいかなる名医も藪医者に劣る。

厖大な建設費と多量の燃料とを要する英国のコメット機が、ロンドン—東京間の所要時間を二十七時間に縮めるために、旅客機として実用化されていることを考えれば思い半ばに過ぎるであろう。

経済と距離の時代は去った。現代においては、経済と距離は時間に置き換えられたのである。

三、能率の尊重

能率とは、プライベートの生活をエンジョイするために時間を酷使することである――と私は考えている。二宮金次郎の像のように、山坂路を歩くというような、二重、三重の苦労を忍んだり、朝は早く、夜はおそく、昼食の時間まで惜しんで、働くために働くことを能率なりとする考え方や、生活を楽しむことを罪悪視する戦時中の超克己主義は、能率の何たるかを解しない人の謬見である。

平清盛は落日を呼び返そうとしたと聞くが、二十四時間は一秒たりとも延ばすことはできない。一定の時間の中により多く自己の生活を楽しむためには、働く時間を酷使する他に方法がない。私は自己の体験から、創意発明は天来の奇想によるものでなく、せっぱつまった、苦しまぎれの知恵であると信じているが、能率も生活を楽しむための知恵の結晶である。

殊にわが社のようにオートバイやバイクモーターを製造するメーカーにあっては、需要者の要求と、資材の調達、機械加工の諸過程、組立完成作業を見通した優れた技術者のアイデアが、数千人の肉体的労働に勝る能率を挙げ得るのである。かような根

昭和28年（1953年）７月に埼玉製作所および本社で発足した、従業員の代表で構成されるレクリエーション機関・明和会の催しでの１コマ。名誉会長の本田宗一郎は発会式で、「愉快に明るく青春をエンジョイし、明日の生産への糧としてレクリエーション機関を活用するように」と祝辞を述べた。

本的アイデアとともに、動力や機械を用いて一定の時間内に、最良最大の仕事をなし遂げようとする頭脳の工夫が能率の根本である。

私の会社でどしどし優秀な機械を買い入れるのも、自家発電設備までして電気を使うのもこのためである。

すなわち能率は、現代において人間的な生活を営むための必須条件であって、この能率の要素として私は次の三つを挙げる。

一、タイム

二、マネー

三、プライド

である。

いかに時間に余裕があっても、金が無ければ生活を楽しむことはできず、またどのように金があっても、時間に余裕がなければ生活を楽しむことはできない。

しからば、金と時間とがあれば生活を楽しむことができるかと言えばそうではない。時間と金だけが能率の条件であるならば、泥棒をしたり、詐欺をしても構わぬはずであるが、これは、人間としての誇りが許さない。正々堂々と正しい方法によって十分な収益をあげ、金と時間とを作り、税金もなるべくたくさん納め、自分は事業を通して国家社会に貢献しているという誇りを得て、初めて能率的であると言えるのである。

（一九五三年五月）

ＴＴレース出場宣言

わが本田技研創立以来ここに五年有余、画期的飛躍を遂げ得たことは、全従業員努力の結晶として誠に同慶にたえない。

私の幼き頃よりの夢は、自分で製作した自動車で全世界の自動車競争の覇者になることであった。しかし、世界の覇者になる前には、まず企業の安定、精密なる設備、優秀なる設計を要することはもちろんで、この点を主眼としてもっぱら優秀な実用車を国内の需要者に提供することに努めてきたため、オートバイレースには全然力を注ぐ暇もなく今日におよんでいる。

しかし今回、サンパウロ市における国際オートレースの帰朝報告により、欧米諸国の実状をつぶさに知ることができた。私は現実に拘泥せずに世界を見つめていたつもりであるが、やはり日本の現状に心をとらわれ過ぎていたことに気がついた。今や世界はものすごいスピードで進歩しているのである。

しかし逆に、私の年来の着想をもってすれば必ず勝てるという自信が昂然と湧き起こり、持ち前の闘志がこのままでは許さなくなった。

「絶対の自信を持てる生産体制も完備した今、まさに好機至る！　明年こそはＴＴレースに出場せんとの決意をここに固めたのである」

わが本田技研はこの難事業をぜひとも完遂し、日本の機械工業の真価を問い、これを全世界に誇示するまでにしなければならない。わが本田技研の使命は日本産業の啓蒙にある。

ここに私の決意を披瀝し、ＴＴレースに出場、優勝するためには、精魂を傾けて創意工夫に努力することを諸君とともに誓う。右宣言する。

（一九五四年五月）

目前の利害にこだわるな

徳川時代にいちばん儲けた者は誰であったか。これは商人である。

この商人は、外国との貿易を禁止されていたため、その規模構想は非常に局限され、勢い国内でブローカー的、人の小股すくい的なものをやるような気風が一般に生まれた。そして、永い封建的時代が続いたため、人を疑い易くもなった。

いろいろの原因があるであろうが、会社にあっても、小さな縄張り、大きな縄張り等がある。縦の命令系統、言い換えれば、出世系統に非常に敏感であり、その系統同士は仲がよいが、その系統を別とする人に、つまり横の協調に対しては、闘争的な感情を持って、お互いに、相手の美点、優秀なものを叩きつぶすことに頭脳を働かせ、活躍すべき最も大事な青年時代をこれに費やして、後は、その惰力で、壮年時代を暮らすことが多過ぎはしないだろうか。そのことが、目前の利益、損失にだけこだわらせ、重役同士、部課長同士、社員同士が心で闘争し続けることが、大きな目標――世界的製品を生産しようとする――を達成しないで優秀民族の頭脳を活用しないことにもなるのではないだろうか。

（一九五五年二月）

耳学と経験の総合

僕は本を読むのが嫌いだ。極端な言い方をすると、本というものには過去のものしか書かれていない。僕は、本を読むとそれにとらわれてしまって、何だか退歩するような気がして仕方がない。

大体、僕の人生は、いわゆる見たり聞いたり試したりで、それを総合して、こうあるべきだということで進んできた。

もし分からないことがあって、そのために本を読むんだったら、そのヒマに人に聞くことにしている。

五百ページの本を読んでも、必要なのは一ページくらいだ。それを探しだすような非能率なことはしない。うちにも大学出はいくらもいるし、その道の専門家に課題をだして聞いたほうが早い。そして、それを自分の今までの経験とミックスして、これならイケルということでやっているだけで、世の中の人は、本田宗一郎はピンからキリまでやっていると思っているようだが、とんでもない。

結局、僕の特徴は、ざっくばらんに聞くことができるということではないかと思う。つまり、学校にいっていないということをハッキリ看板にしているから、知らなくても不思議はない。だから、こだわらずに誰にでも聞ける。これがなまじっか学校にいっていると、こんなことも知らないんでは誰かに笑われると思うから、裸になって人に聞けない。そこで無理をする。人に聞けばすぐにつかめるものが、なかなかつかめない。こんな不経済なことはない。

気づくことが先決条件

工場の能率にしても、これと同じことが言える。技術的にどうしても解決しなければならないということは案外少ない。第二義的なことが多い。いちばん大切なことは時間である。

倍増産したければ、半分の早さで仕事をすればいいのだから、これは誰にでも分かる。割り算も代数もいらない。足し算と引き算さえあれば、誰でも能率を上げることができる。

我われが行動する場合には、気づくことが先決条件である。技術があれば何でも解決できるわけではない。技術以前に気づくということが必要になる。日本にはいくらでも技術屋はいるが、なかなか解決できない。気づかないからだ。もし気づけば、ではこれを半分の時間でやるにはどうすればいいかということになる。

そういう課題がでたときに技術屋がいる。気づくまではシロウトでもいい。そういういちばん初歩のところを、みんな置き忘れているのではないかという気がしてならない。

専門家の任務

近頃、一流の経済雑誌なんかが、どのくらいの値段でどういうタイプの製品を作ったらいいかアンケートをとったらいいじゃないか、と麗々しく書いている。

僕はこれを見てガッカリした。大衆にアンケートをとって聞くことは参考にはなる。たとえば、自分のまいた種がどの程度大衆にうけ入れられているか、または不満があるかといったものなら賛成だ。

しかし、本来のものについて、何だかんだとアンケートをとるのはおかしい。

なぜなら、ものを作ることの専門家が、なぜシロウトの大衆に聞かなければならないのだろうか。それでは専門家とは言えない。どんなのがいいかを大衆に聞けば、これは古いことになってしまう。シロウトが知っていることなんだから、ニューデザインではなくなる。

大衆の意表にでることが、発明、創意、つまりニューデザインだ。それを間違えて新しいものを作るときにアンケートをとるから、たいてい総花式なものになる。他のメーカーの後ばかり追うことになる。

つまり職人になっちゃう。

（一九五九年五月）

得手に帆を上げ

〝惚れて通えば千里も一里〟という諺がある。

それくらい時間を超越し、自分の好きなものに打ち込めるようになったら、こんな楽しい人生はないいんじゃないかな。

そうなるには、一人ひとりが、自分の得手不得手を包み隠さず、ハッキリ表明する。石は石でいいんですよ、ダイヤはダイヤでいいんです。

そして、監督者は部下の得意なものを早くつかんで、伸ばしてやる、適材適所へ配置してやる。

そうなりゃ、石もダイヤもみんなほんとうの宝になるよ。

企業という船にさ
宝である人間を乗せてさ
舵《かじ》を取るもの
櫓《ろ》を漕ぐもの
順風満帆
大海原を
和気あいあいと
一つ目的に向かう
こんな愉快な航海はないと思うよ。

（一九六二年一月）

「悪い子」に期待する

人間誰でも、未知のものには心をひかれる。一種の不安も感じるが、それを恐れず飛び込んだり、やってみたくなる、そんな魅力のあるものだ。

未知の世界の探求というものは、私は人生最大の楽しみの一つだと思う。この楽しみをあきらめたり、忘れたりしたら、もうその人間の進歩はストップする。明日がなくなり、昨日までの思い出ばかりを追い回すようになる。つまり老い込むわけだ。

若い世代のくせに、中年男みたいな、ときには八十爺さんのような、消極的で保守的な人間がいる。周囲にばかり気がねして、コセコセとちぢかんで生きている。

なぜこんな片輪者みたいな、できそこないの青年がいるのだろうか。どうしてこんなタイプの人間に育ってしまうのだろうか。もちろん本人自身に大半の原因はあるだろうが、そればかりではないはずだ。

社会一般に『若さを去勢された青年』を要求する傾向のあること、これが最大の原因である。つまり『オトナシイ、素直な、自由になる青年』を望む、世間のオトナ達の身勝手な『コトナカレ主義』が、その底にドス黒く渦巻いているのだ。『若さ』においては、どんな青年にもヒケをとらないと自負している私だが、もう頭の禿げている私を、世間では『ホンダ・アプレ』という。ホメ言葉か悪口か知らないが、これをもっていかに社会が保守的で、セクトにこだわり、排他的か分かると思う。

私は深刻に、これではいけないと思う。オトナ達が本気で未知の魅力にとりつかれ、勇敢にそれを追求しなければ、家庭生活は暗くなり、社会に活力が消え、自然と国家も斜陽のコースをたどることになる。なぜかといえば、消極的なオトナに囲まれていては、満足に若い芽も、若いエネルギーも生まれにくいからだ。

子ども達が、見るもの聞くものに疑問をいだき、関心と好奇の目をみはる。何でもつかもうとしたり、口に入れたり、破いたり壊したり、親をハラハラさせる。「どうしてなの？」を連発する。子ども達にとって、すべてが未知の対象だ。恐ろしさも確かにあるだろうが、子ども達はそれにひるまない。未知への探求心は、探険家の心理に通じる。子どもというものは、だいたいそんなに相違のあるものではない。同じ程度のテンポで成長するのだから、どの子も一様に勇敢な未知の世界への探険家である。

親達はとかく無理解に、この探険家を冷遇する。そして未知への関心の芽を摘みとったり、歪めたりしている。

この傾向は、子どもが幼児から青年に成長しても、一向に改まらないどころか、むしろ頑固さが加わるほどだ。

若い人達は、まだ自分の思想も固まっていない。いろいろな未知を追求し、体験していくうちに、自分の考えもはっきりして、その個性も形成されていくものである。知識欲に燃えて、手当たり次第に本を読みあさるのもよい。力いっぱい体を鍛えるのもいいだろう。仕事に打ち込むのも、精いっぱいに楽しみを味わうのもよい。

若い人が、思いきりエネルギーをぶっつけている姿は、美しいし健康的でもある。オトナ達がとやかく口出しするまでもなく、若い知恵がその時代的背景を充分に反映したルールを創りだしていく。オトナ達に彼等の知恵が理解できないから、信頼できないで、とやかく指導という名の干渉をしたがる。

しかし若い人達の大部分は、そんなオトナ達の無理解をよそに、のびのびと自由に成長している。だが彼等の心の底には、消しがたいオトナ達への不信、軽蔑、絶望が刻みこまれていないとは、私も断言できない。

「山に登りたい」と言うと、すぐに「危険だ、よした方がいい」とくる。オートバイなどで、ちょっとでもスピードを出し過ぎれば、

「どうして、こう危ないことばかりするのか」と怒鳴りつける。夜遊びが過ぎようものなら、周囲がみな敵になる。

「みんなお前のタメを思うからこそ、注意するのだ。もう少し落ちついて勉強したらどうか」

たいがいこんな叱言にとり囲まれる。こうしたオトナ達の感覚というものは、ちょうど裸でヨチヨチ逃げる子どもを、赤面しながらパンツを持って追う母親の姿で代表される。

幼い子どもには、見栄もなければ外聞もない。ズバリ真っ裸の自由と爽快さを喜ぶものだ。母親には、これが分からない。一事が万事、自分達オトナの感覚でしか判断できない。だから自分がパンツをはいていない場合を想像して、赤くなるのだろう。私なんかは、かえってそんな姿にミダラなものを感じる。

年頃になれば、放っておいても身のまわりを飾るようにもなるし、どんな姿が恥ずべきか悟るようになる。そういうものである。

ありのままの子どもを理解しようと努力もせずに、親の常識の枠内で教育しようとかかるから、いやらしいオトナびた子どもや、老人みたいな青年が生まれるのだ。これほど子どもにとって不幸な、迷惑なことはあるまい。

まさに『子の心、親知らず』である。

こうした親達の手で、画一的な人間のタイプ以外に、どんな個性が育てられるか。考えてみるとゾッとする。「ハイ、ハイ」とオトナの言いなりになる子や、オトナの考え方の枠から飛躍しようとしない子が『いい子』であり、自分の意志を表明し、主張したり、個性的な行動を示す子はたちまち『悪い子』の烙印を押されるのを見れば、充分に納得できるはずだ。

だから、私は、世間でいう『悪い子』に期待している。なぜかといえば、そういう子どもこそ『個性の芽生え』を持つ、頼もしい、可能性に満ちたほんとうの意味の『いい子』なのである。

常々私は、周囲の若い人達にもこう言っている。

「前世紀の考えから一歩も出られないオトナから『いい子』だなんて言われているようじゃ、そのオトナ以上には伸びやしない。他人の顔色ばかりうかがって、自分の中に萎縮して生きるような人間は、どんどん日進月歩する現代には通用しない。第一ついていけない。

オトナに『悪い子』と言われるのを恐れていないで、若者らしく勇気を持っていろんな経験をし、視野をひろげておくことが大切だ。

もしも、ある程度のいき過ぎや誤ちがあったとしても、それが前向きの姿勢であり、正しさを信じての行動であれば、それは『若気のいたり』として許されるものだ。これこそ若さの特権なのだから、そうむざむざ放棄することはない」

ここで私は、誤解を招かぬようつけ加えなければならない。それは何かといえば、ものごとすべてに限度があるということである。

「若い人は、何をしてもよい」と言っても、そこにはある限界があるということである。オートバイを飛ばし過ぎ、人や物に危害を加えたり、遊びが過ぎて盗みを働くなど、これはもってのほかのことである。善意の他人に迷惑をかけることは、社会人として、自由人として最高の犯罪だと思う。絶対に他人の犠牲を強要してはならないのである。

社会には、その社会を維持するための法があり、秩序がある。それを守らなければならない。自分の生命、財産、自由が尊重されるためには、他人のそれを尊重することが必要である。権利を自覚して、義務を果たすことである。

これを前提に、どんな行動にも責任をとらなければならない。誤ちの理由を、絶対に他に求めては駄目だ。どんな場合でも、自分の行動は自分の意志で決定する人間でありたい。

他人に引きずられて、行動に突っ走るというくらい無責任な、恥ずべきことはない。もう一歩進めて、周囲からどんな圧力があっても、自分の意志に反する提案だったら断固として拒否できる勇気を持つ人間でありたい。

こうした基本的な考えを身につけたところに、行動の自由の限界を悟る良識が生まれるのであると思う。良識のともなわない『若さ』というものは、ときとして野獣の牙にもなりかねない両刃の剣である。他人を傷つけると同時に、自分をも傷つけるのだ。

いたずらに『若さ』の衝動だけで、貴重なエネルギーを爆発させてはいけない。人生というコースは、やたらと長い。決して平坦でスムースなものではない。それこそ日本の道路よりも悪路と考えてもよい。その条件を無視して突っ走れば、いずれはバテてしまう。

現状を正確に判断し、将来の見通しをガッチリと立て、自分のスタミナを適正に配分することが大事だ。そのために学問も必要だろうし、豊かな見識もいるだろう。経験の知恵も大切だ。勇気も決断力も実行力も、そして忍耐力もなくてはなるまい。

これらに目を向けず、むやみと先を急ぐことが『若さ』でもなければ、未来に生きる姿勢でもないと思う。

歴史は、現代を支え、未来を組み立てる。歴史を否定して、現在は理解できないのだ。未来の方向に正しく向くには、歴史を背景に持たなければならない。

たとえて言えば、こういうことである。

終戦直後、いろんな型の自転車が氾らんした。奇抜なアイデアやデザインを売りものにして、私達を驚かせた。ところが十六年たった今、自転車は何とそれ以前の古い型に戻っている。

なぜこういうことになったかといえば、自転車というものはすでに遠い昔に、すべての意味で完成されているのだ。三角の車体フレームは、理論的にも経済的にも最高に合理化された結論なのである。二輪で人力で運転するなら、もうこれ以上のものは考えられない構造であり、スタイルだったのだ。

これは自転車の歴史を見れば、簡単に理解できることである。それを無視したからいけなかった。

人生には、こんな例は数限りなくある。少しばかりの努力と時間を惜しんで、馬鹿げた無駄骨を折るのは愚である。

短気で先走りの私が、歴史を勉強するのが好きなのは、まんざら『立川文庫』愛読の延長ばかりでなく、こんな理由もあるのだ。確かに歴史は多くを教えてくれる。反省の材料も与えてくれる。適切な助言もしてくれる。

人生はほんとうに長い。スタートを間違ったら、先行き誤差の広がりは大変なものになる。スタミナの配分がでたらめだったら、折角のハイ・オクタンの『若さ』というエネルギーも、暴発して破壊力に堕落するし、エン・ストの原因ともなってしまう。

この自覚さえ失わなければ、どんなに自由な行動も、青春の謳歌も許される。分からずやのオトナ達の説教など、クソくらえだ。堂々と『若さ』を発散させ、『若いのち』を主張し給え。

そういう溌らつとした青年が、これまでの老人のような青年に代わって、高く評価される時代がもうすぐそこまできているのである。

（一九六二年三月）

冗句（Ｊｏｋｅ）のない人生は無味乾燥だ

これまでの日本人の生活には、ウィットやユーモアに富んだ冗句というものが閉め出されていた。重苦しい沈黙の中で、堅苦しい姿勢で、表現することを押さえつけられてきた。

人間というものは機械と違って、一定の能力を連続して発揮できない。疲れ、飽き、たちまち効率が落ちる。このために、人間には休息と気分転換が必要なのだ。冗句は単調な生活に句読点をつける瞬間的な笑いの慰安であり、警告であり、気分転換である。これが緊張から解放し、疲労を忘れさせ、気分を明朗に活気づけてくれる。故に人生は明るく楽しく保たれるのだと思う。これからの私達の生活の中に、洗練された冗句がどんどん飛び交うようにならなければ、思わせぶりで哲学的な暗い表情や陰気な微笑は、いつまでも私達の顔から追放できない。

（一九六二年三月）

ひとりよがりを排そう

自由化の功罪のうち、功の中には、自由化することによって海外の製品が自由に入ってくると同時に、日本の商品もまた海外に進出できるという互恵のプラスがある。それと同時に我われにとって大切なことは、大衆が外国品と国産品を直接に扱って判断してくれるから、メーカーである私達は、自分の進むべき方向が分かってくるということだ。大衆が、いいか、悪いか、判断してくれるチャンスが非常に多いということである。

つまり、作っている品物がいいか悪いか、我われの企業が、これでいいのか、悪いのかということを身近に察知できることだ。

ここを一つ、みんなで肝に銘じようではないか。つまり大衆の判断によらない、ひとりよがりではだめだということ……。いま日本の自動車が、世界的水準とか国際競争力があると言っているけれども、私から見ればひとりよがりのような気がしてならない。

うちだって、今でこそ世界一だなどと言われているが、これは何もうちが先頭に立って世界一だと、世間に向かって宣伝したわけではない。

みんなが苦しみに苦しんで、アイデアを活かし、創造してきたからこそ、ユーザーの人達が、だんだんと認めてきてくれたからで、ひとりよがりでなかったから、ここまで伸びたのだ。

むろんそこには、ディーラーの人達の、たゆまない努力も、大きくあずかっている。

第一、通産省が法律を作って輸入を防止したところで、日本の企業が永久に伸びるとは言えない。だから一刻も早く自由化に踏み切って、大衆に判断してもらって、少しでも早目に企業の方向を正した方が得なのだ。自分の企業がかわいかったら、大衆に早く判断してもらうことである。

日本の大衆に、比較対照できる外国品もあてがわずにおいて、今、国産品が売れているからといって、国際的水準にあると考えているとすれば、それはきわめて危険な考え方ではないか。

いい品物かどうかはメーカーが判断するのではなく、大衆が判断してくれるものであることを決して忘れてはならない。

（一九六四年十一月）

まず自分のために働け

私はいつも、会社のためにばかり働くな、ということを言っている。君達も、おそらく会社のために働いてやろう、などといった、殊勝な心がけで入社したのではないだろう。自分はこうなりたいという希望に燃えて入ってきたんだろうと思う。自分のために働くことが絶対条件だ。一生懸命に働いていることが、同時に会社にプラスとなり、会社をよくする。会社だけよくなって、自分が犠牲になるなんて、そんな昔の軍隊のようなことを私は要求していない。自分のために働くということ、これは自分に忠実である。利己主義だと思うかもしれないけど、そうではない。人間は人にもよく言われなければ自分が楽しくないという相対的な原理を持っている。だから他人に、あの人はいい人だ、と言われるのもエンジョイなんだよ。我われはただ単に、自分だけよければいいと言うのではない。自分をよくするためには人までよくしてやらなければ、自分というものがよくならないのだ、という原則があることを考えて自分をよくしなさいということを申し上げる。（一九六九年四月）

車のメーカーとしての責任

ここでみんなに特に言っておきたい。我われは交通機関を扱っているかぎり、責任というものを絶対に持ってもらいたい。責任の持てないような人は、すぐ辞めてもらいたい。もし責任の持てない人がいたら、ぼくは指名して辞めてもらうかもしれない。それはなぜかと言えば、交通機関というものは、人をあやめるからだ。ものすごい人身事故を起こす、人の命を預かるものだから、それだけに責任を持つことを強く要求する。責任の持てない人は、文房具を売るとか、反物を売ればいい。きず物を売って、また替えてやればいい。我われはきず物を売ったら大変なことになってしまう。だから、あくまでも、この職業についたが最後、絶対に責任の所在を明らかにする。これだけははっきり君達に言っておく。

（一九六九年四月）

退陣のあいさつ

創立二十五周年を機に、次の世代へバトンタッチをして、副社長と第一線を退こうと話し合ったのは、かなり前のことだった。四専務に私達二人の意向を伝えたのも、確か四月頃のことで、四専務も了承してくれて、あとのやり方を具体的に検討している段階にある。

たまたま、私が中国にいっている間に、新聞などの想定記事から従業員の皆さんに伝える前に、ジャーナリズムの報道記事が先行してしまったようで、みんな突然に思ったかもしれない。

しかし、ホンダの人達にとっては、昭和三十九年の役員室制度から始まって、三年前に四専務体制がしかれたこと、とくに最近の一年以上は、この会社が実質的には四専務を中心とする運営がされていたことから、この交代は時期の問題だけだと察せられていたと思う。

＊

ホンダは、夢と若さを持ち、理論と時間とアイデアを尊重する会社だ。

とくに若さとは

困難に立ち向かう意欲

枠にとらわれずに

新しい価値を生む知恵

であると思う。

私はまだまだ心だって体だってその意味で若く、みんなに負けないつもりだ。だが現実問題として、残念ながら「若い人はよいなあ、若い人にはかなわないなあ」と感ずることが多くなってきた。

たとえば、CVCCの開発に際して、私が低公害エンジンの開発こそが、先発四輪メーカーと同じスタートラインに並ぶ絶好のチャンスだ、と言ったとき、研究所の若い人は、排気ガス対策は企業本位の問題ではなく、自動車産業の社会的責任の上からなすべき義務であると主張して、私の眼を開かせ、心から感激させてくれた。

アメリカでも、成長企業の社長の平均年齢は四十代で、六十代の社長が率いる会社は活気がなく、停滞する傾向があるといわれている。

若いということは、何と素晴らしいことかとつくづく感じた。

ホンダは常に時代を先取りしてきた。その中心に若いみんながいる。

みんながどんどん育ってきている。

私に目をみはらせるような、新しい価値観、企業と社会とのかかわり合いについての新鮮な感覚、こういうものの上に築かれる、フレッシュな経営が必要な時代になってきているのだ。

今後ますます強まる企業の社会的責任の要請や、地球を単位とした自然環境保護の声に対応して、組織もますます、若い力、若い感覚を必要としてきている。

＊

若いつもりでも、副社長も私も六十歳を超えている。もはや、私達二人が先頭に立ってみんなをリードする時期は過ぎたと思うし、また、口をだす必要もない。

副社長は売ることを中心に、金や組織など内部のこと、私は技術のこと、作るほうのことと対外的な面、と分担を分け合ってきた。二人とも半端な人間で、合わせてはじめて一人前の経営者だったのだから、退くときもいっしょにというのが、自然な、二人の一致した考えになった。

半端な者同士でも、お互いに認め合い、補い合って仲良くやっていけば、仕事はやっていけるものだ。世の中に完全な人間などいるものではない。自分の足りないもの、できないところを、まわりの人に助けてもらうと同時に、自分の得意なところは惜しみなく使ってもらうのが、共同組織のよい点で大切なところだと思う。「人間の和」がなければ企業という集団の発展はおろか、維持さえもできないことを充分認識してほしい。

今までの四専務を中心とする企業運営の実績から、バイタリティあふれ、フレキシブルに対応し、フレッシュさを失わないでいける見極めもついた。安心してバトンタッチができる。

皆さんの努力で、よい交代時期を作ってくれたことを心から感謝している。

＊

思えば、随分苦労も失敗もあった。勝手なことを言ってみんなを困らせたことも多かったと思う。しかし、大事なのは、新しい大きな仕事の成功のカゲには、研究と努力の過程に九十九パーセントの失敗が積み重ねられていることだ。これが分かってくれたからこそ、みんな、がんばりあってここまできてくれたのだと思う。

ホンダとともに生きてきた二十五年は、私にとって最も充実し、生きがいを肌で感じた毎日だった。みんなよくやってくれた。

ありがとう。

ほんとうにありがとう。

*

社是の冒頭にある「世界的視野」とは、よその模倣をしないことと、ウソやごまかしのない気宇の壮大さを意味する。

独創性を尊重し、取引き先、お客様、地域など、直接間接にかかわり合う社会全体を大切にする体質は、理解ある社外の人達の支えがあり、みんなの努力が実って定着した。この基本理念は、設備や製品や、あらゆる制度となって実を結び、経営トップの交代ぐらいではゆるぎのない、ホンダマンシップとなって溶け込んでいる。

*

これからも大きな夢を持ち、若い力を存分に発揮し、協力し合い、今より以上に明るく、そして働きがいのある会社、さらに世界的に評価され、社会に酬いることができる会社に育て上げてほしい。

明日のすばらしいホンダをつくるのは君達だ。

私達二人も、会社をやめてしまうわけではない。いろいろな面で教えてもらいたい。お役に立ちたいと思う。

今後ともよろしく。

（一九七三年八月）

私のものの見方、考え方

人間関係こそいちばん大切　覚えるはコンピュータでよい

昔、教わったことに「覚えている子はいい子で、覚えていない子は悪い子だ」という話がありました。しかし、これはあくまでも昔の話なんです。寺子屋時代には「読み、書き、ソロバン」の三つくらいだったから誰だって覚えられたのです。

しかし、今はどうですか？　電子工学の時代になって、一生やったって覚えられる量は知れています。私なんか、口じゃあ偉そうなことを言うけれど、実は何も知らないのです。それくらい難しいんですよ。

たとえば、昔の電気というものは、つける電気（電灯）とモーター、磁石くらいしか電気のうちに入らなかったのです。だから、覚えられるに決まっているでしょう。今、一口に電気と言っても、一生かかっても覚えきれません。だから、覚えた、覚えないと言って点数をつける方がおかしいのです。先生は全部知ってるかと言ったら、そんなに知らないと思うのです。

もちろん昔は、教えられたことをすべて覚えなきゃならないという時代があったと思います。たとえば、交通が不便な時代に、アメリカなりヨーロッパにいかなきゃならないとします。すると五十日もかかってしまうから、どうしても教えるべきことは全部知っておかなきゃなりません。生徒もそれに従って覚えなければならぬということになるのです。いわゆる〈記憶の優秀さ〉が非常に大切だったのです。

今はコンピュータが出現して、いとも簡単にボタン一つでデータを教えてくれるのです。こういう時代になって、覚えることがどれだけ必要ですかね。今、アメリカの人が知っていて、私が知らないことがあるとします。今では、すぐ電話をかければ、

——その人に信用があり、人間的に好かれているなら——即座に分かる時代なのではないでしょうか。

私は、こういう時代には良好な人間関係がいちばん大切な条件だと思います。人間関係さえうまくいっていれば、どんな知識や情報でも入ってくるものです。そんなシステムの時代になってきたことを知らずに、昔のとおり指導しているところに愚かさがあると思うのです。

より人間的であってほしい

私は、覚えるということより、どんどん進歩していくことを知り、人のやれないことをやりたくて仕方がないのです。もし分からなければ、若い人達に聞けば分かるんです。何で不得意なことをやらなきゃならないんですかね。

ただ、私がここで強調したいことは、誰にでも好かれて立派な人で、「相手が君だから教えてやろう」という気持ちにさせるような人間になっていただきたいということです。それさえ持っていれば、何も学校をでなかったとかいうことは、大した問題じゃないですね。より人間的であってほしいですね。

私は自分が人間的だとは言いませんが、社長という職業をついこの間までやってきましたから、それがうまくつながってきて、私が聞けば直ぐ教えてくれて答が出るのです。自分が知っていればそれにこしたことはありませんが、聞いてこようが、カンニングしようが、私は同じなんだと思います。カンニングしちゃいかんというのは、コンピュータがなくて覚えなくちゃいけないという時代にはそうでした。今はカンニングしても平気です。むしろカンニングする相手が何人もいるのは素晴らしいことなんだと……そういうふうに親が思ってくれれば、子供だって気は楽だと思うのです。

（一九八二年八月）

おわりに

十一社体制といわれた日本の自動車業界は、最近の世界再編の大波で次々欧米メーカーの傘下に入り、国内の独立資本はトヨタとホンダだけになった。九〇年代前半、ホンダ神話が陰りがちな時期もあった。「個性がなくなり普通の大企業になってしまった」と嘆くOBやユーザーもいた。

だが、ホンダは二〇〇〇年の国内新車販売で初めて日産自動車を抜いて、トヨタ自動車に次いで国内二位メーカーに浮上した。連結売上高は十兆円の大台に近づき、日産を引き離す。「日産自動車に追いつき、追い越す」――本田宗一郎の悲願は達成された。

一九四八年に浜松市で産声を上げた零細二輪車メーカーは「世界のホンダ」に躍進し、従業員も全世界で十万人を突破した。

仲間と夢を共有し、困難な目標に挑戦するという「ホンダイズム」。本田宗一郎と藤澤武夫が掲げ、実践した未来志向の挑戦心は、半世紀後も「モノづくり遺伝子」として息づいている。本田の息子や孫の世代は、「新たな創業」として小型航空機、ロボットなどの分野に進出し、新たな神話の創造に取り組もうとしている。

本田宗一郎の著書に『私の手が語る』（講談社文庫）という随想集がある。冒頭に、本田の左掌《てのひら》の図が解説つきで載っている。

「手のひらの大きさや指のかたちをくらべて、右と左がこんなにちがう手もめずらしいだろう。満足な機械もなかった頃から、自動車の修理にはじまり、いろんなものをつくってはこわし、こわしてはつくってきた私の手である。右手は仕事をする手で、左手はそれを支える受け手である。だから、左手はいつもやられる」というその左手は傷跡だらけだ。

カッターやハンマーでできた傷、キリやバイトが突き抜けた跡。「満足なのは小指だけ、別に深い意味はない」。本田らしいジョークもついているが、本田にとっては名誉の傷跡、宝物である。

その手が雄弁に物語るように、本田はなによりもモノづくりの職人であった。鍛冶屋の父を持ち、徒弟奉公で職人かたぎを身に付けた。強者に立ち向かう侠気、金や権力に執着しない気っ風のよさ、軽妙、洒脱な物腰と照れ性。そそっかしいほどの行動力。これらの資質は、まさに伝統職人の気質である。

だが、その一方で、大正時代に少年期を過ごした本田は、自動車や飛行機など舶来の文物にあこがれる夢多きモダニストでもあった。昭和初期の自動車修理工場は、ハイカラな人間や文物が集まる情報基地である。徒弟奉公といいながら、本田はここを学校にして、リベラルな精神と先端の技術・情報を吸収した。揺籃期の自動車工業に足を踏み込み、戦時下は飛行機製造にも関与するが、もっぱら技術に関心をもつことで軍国主義や官尊民卑の風潮にまみれることを免れた。滅私奉公よりも下手の横好きを通した。手先の職人は、独創に生甲斐を見る技術者に脱皮した。

本田には独特の機知があり、経営の才があった。ソロバンは下手だが、世の中の先行きを読む先見性、人を上手に使う才能にたけていた。ひと目で藤澤武夫の異才を見抜いたこともその一つ。近代的な経営感覚が優れた女房役を得て、戦後のモータリゼーションの大波にも乗って花開いた。

だから、本田の生涯には刻苦勉励の悲壮感や求道のストイシズムはない。本田が生きた時代は自動車市場がすさまじい勢いで広がり、イノベーションが急進展していたから、後ろを振り向く余裕はない。いつも、若さを称え、前を見ていたのは当然である。

本田を語るとき、必ず引き際の潔さがあげられる。だが、創業者といえども、二十五年間の社長業は限界だろう。生涯の美女がいないように、天才といっても、才能がきらめくのは一時に過ぎない。「空冷水冷論争」で孤立し、技術研究所のトップ引退を迫られたのは、技術にこだわる技術者経営者の限界を示している。

職人から技術者、そして経営者へ。その階梯を登る過程で、本田は何よりも独創を重んじ、物まねを嫌った。一番怒ったのはほかの会社のまねをしたり、ほかの会社のことを言い訳に使ったときで、そんなときは鉄拳をくらったと、部下たちは口をそろえる。

「おやじさんが帽子をあみだにかぶっているときは機嫌のいいとき、目深にかぶっているときは怒っているとき。現場はその帽子のかぶり方で、さりげなくスパナや定規を隠したり戻したりした」という。独創にかける本田の意気込みを最も象徴するエピソードである。

技術においても経営においても、創造力こそ力の源泉である。創造力は見果てぬ夢から生まれる。夢を捨て、失敗を恐れるときに人間の創造力はしぼむ。本田宗一郎の生涯をたどる時、改めてそのことを痛感する。

ホンダ社内の動きや関係者の証言は、本田技研工業が創立五十年記念事業として刊行した社史『語り継ぎたいこと　チャレンジの50年』（一九九九年）、および藤澤武夫の著書『松明は自分の手で』などをもとに構成した。本田宗一郎関連の評伝は数多いが、本人の文章および正史（『語り継ぎたいこと』）に拠ることで正確を期した。

●引用資料出典

『語り継ぎたいこと　チャレンジの50年』（一九九九年、ホンダ）
『Mr.HONDA FOREVER 故本田宗一郎最高顧問追悼集』（一九九一年、ホンダ）
『TOP TALKS 先見の知恵』（一九八四年、ホンダ）
藤澤武夫著『松明は自分の手で』（一九七四年、産業能率短期大学出版部）

本田宗一郎年譜

明治三九（一九〇六）年　一一月一七日、静岡県磐田郡光明村（現天竜市）に出生。

大正一一（一九二二）年　四月、東京本郷のアート商会に自動車修理工で入る。

昭和三　（一九二八）年　独立し、浜松にアート商会支店を設立、工場主に。

昭和一一（一九三六）年　東京・多摩川で開催した全日本自動車レースに出場し大怪我。

昭和一四（一九三九）年　東海精機重工業の社長。ピストンリングの製造に乗り出す。

昭和二一（一九四六）年　九月二四日、浜松に本田技術研究所設立。自転車用補助エンジンを開発。

昭和二三（一九四八）年　浜松に本田技研工業を設立し、社長となる。資本金百万円、従業員三十四人。

昭和二四（一九四九）年　本格的オートバイ「ドリーム号」を開発。藤澤武夫、常務で入社。

昭和二六（一九五一）年　「ドリーム号」で箱根越えに成功。

昭和二七（一九五二）年　自転車用補助エンジン「カブF」発売。小型エンジンの発明で藍綬褒章受賞。本社を東京に移す。渡米し、工作機械を発注。

昭和二八（一九五三）年　四億五千万円の工作機械を輸入。

昭和二九（一九五四）年　株式店頭公開。ＴＴレース出場宣言。経営危機。労組結成。

昭和三〇（一九五五）年　二輪車生産台数が国内一に。政府が「国民車育成構想」発表。

昭和三一（一九五六）年　本田、藤澤が欧州視察。

昭和三二（一九五七）年　東京証券取引所に上場。

昭和三三（一九五八）年　小型バイク「スーパーカブ」発売し大ヒット、規格量産と輸出の足固め完成。

昭和三四（一九五九）年　ＴＴレース初出場。米国に販売会社「アメリカン・ホンダ」を設立。

昭和三五（一九六〇）年　研究部門を独立させ本田技術研究所を設立、社長兼務。

昭和三六（一九六一）年　ＴＴレースで一位から五位まで独占し完全優勝。通産省が特振法起案。

昭和三七（一九六二）年　ベルギーに生産販売会社「ホンダ・モーター」設立。スポーツカーＳ３６０（初の四輪車）開発。鈴鹿サーキット完成。日本経済新聞に、本書の第一部として収録した「私の履歴書」を連載。

昭和三八（一九六三）年　創立十五周年祭を京都で開催。新車の価格当てクイズ。赤色ボディのスポーツカー「Ｓ５００」を発売。

昭和三九（一九六四）年　Ｆ１レースへ初参加。

昭和四〇（一九六五）年　Ｆ１メキシコＧＰで初優勝。

昭和四二（一九六七）年　軽自動車「Ｎ３６０」発売し大ヒット、発売三か月で首位に。小型車への進出決める。

昭和四三（一九六八）年　仏GPで死亡事故。

昭和四四（一九六九）年　初の小型車「H1300」を発売するが売れ行き不振。社内に「水冷・空冷論争」が起こる。

昭和四五（一九七〇）年　四専務による集団指導体制へ移行。第一回オールホンダアイディアコンテスト開催。欠陥車騒動で告訴される（翌年不起訴処分）。

昭和四六（一九七一）年　低公害エンジンCVCC発表。

昭和四七（一九七二）年　CVCCエンジンがマスキー法七五年規制値に合格。トヨタ自動車と技術供与契約。低公害車「シビック・CVCC」発売。

昭和四八（一九七三）年　一〇月、本田技研工業社長を退任し、取締役最高顧問となる。

昭和五二（一九七七）年　本田財団設立。米オハイオ州に現地生産工場を建設することを発表。

昭和五六（一九八一）年　勲一等瑞宝章。

昭和五八（一九八三）年　本田技研の取締役を辞任し、終身最高顧問となる。ホンダ、十五年ぶりにF1に復帰。

昭和六一（一九八六）年　F1で製造部門のタイトル。

昭和六三（一九八八）年　藤澤武夫、心臓発作で死去。享年七十八歳。

平成元（一九八九）年　本田、日本人初の米国「自動車殿堂」入り。

平成二（一九九〇）年　本田、国際自動車連盟（FIA）よりゴールデンメダル賞受賞。

平成三（一九九一）年　八月五日、肝不全のため死去。享年八十四歳。勲一等旭日大綬章。

本書は日経ビジネス人文庫のために新たに編集したものです。本書の中には、今日、差別的とされる語句や表現がありますが、作者が故人であり、作品の発表された時代的・社会的背景も考慮して、原文のまま掲載しました。

日経ビジネス人文庫

本田宗一郎《ほんだそういちろう》 夢《ゆめ》を力《ちから》に
私の履歴書

2001年 7月1日 第1刷発行
2023年 3月1日 第34刷

著者
本田宗一郎
ほんだ・そういちろう

発行者
國分正哉

発 行
株式会社日経ＢＰ
日本経済新聞出版

発 売
株式会社日経ＢＰマーケティング
〒105-8308 東京都港区虎ノ門4-3-12

ブックデザイン
鈴木成一デザイン室

印刷・製本
凸版印刷

 ISBN978-4-532-19069-9

nbb 好評既刊

社長になる人のための経営問題集

相葉宏二

「部下が全員やめてしまったのはなぜか？」「資金不足に陥った理由は？」——。社長を目指す管理職や中堅社員のビジネス力をチェック。

仕事がもっとうまくいく！気持ちが伝わる「手書き」ワザ

青山浩之

パソコンで作った書類やメール全盛だからこそ、手書きが威力を発揮する。あなたの字のクセを直し、相手に伝わる字に変わる！

生きっぱなしの記

阿久 悠

「北の宿から」「勝手にしやがれ」「UFO」——。歌謡曲の黄金時代を築いた阿久悠。常に時代に向き合い言葉を探し続けた男の自伝。

吉野家の経済学

安部修仁・伊藤元重

牛丼1杯から日本経済の真理が見える！　話題の外食産業経営者と一級の経済学者が、楽しく、真面目に語り尽くす異色の一冊。

俺たちのR25時代

R25編集部＝編

頂点を知る男たちは、何につまずき、何を考えていたのか。芸能人、スポーツ選手、作家など26人の「つきぬけた瞬間」をインタビューする。

nbb 好評既刊

問題解決力

飯久保廣嗣

即断即決の鬼上司ほど失敗ばかり――。要領のいい人、悪い人の「頭の中身」を解剖し、論理的な思考技術をわかりやすく解説する。

問題解決の思考技術

飯久保廣嗣

管理職に何より必要な、直面する問題を的確、迅速に解決する技術。ムダ・ムリ・ムラなく、ヌケ・モレを防ぐ創造的問題解決を伝授。

「つまらない」と言われない説明の技術

飯田英明

難解な用語、詳細すぎる資料……。退屈な説明の原因を分析し、簡潔明瞭で面白い話し方、資料の作り方を伝授。具体的ノウハウ満載。

名著で学ぶ戦争論

石津朋之＝編著

古今東西の軍事戦略・国家戦略に関する名著50点を精選し、そのエッセンスをわかりやすく解説する、待望の軍事戦略ガイド完成！

デジタル人本主義への道

伊丹敬之

新たな経済危機に直面した日本。バブル崩壊後の失われた10年に、日本企業の選択すべき道を明示した経営改革論を、今再び世に問う。

nbb 好評既刊

儲けにつながる「会計の公式」
岩谷誠治

たった一枚の図の意味を理解するだけで会計の基本がマスターできる！　経済の勉強や仕事に必要な会計の知識をシンプルに図解。

ジャック・ウェルチ　わが経営　上・下
ジャック・ウェルチ
ジョン・A・バーン
宮本喜一＝訳

20世紀最高の経営者の人生哲学とは？　官僚的体質の巨大企業GEをスリムで強靭な会社に変えた闘いの日々を自ら語る。

ビジネススクールで身につける仮説思考と分析力
生方正也

難しい分析ツールも独創的な思考力も必要なし。事例と演習を交え、誰もが実践できる仮説立案と分析の考え方とプロセスを学ぶ。

江連忠のゴルフ開眼！
江連　忠

「右脳と左脳を会話させるな」――。歴代賞金王からアマチュアまで、悩めるゴルファーを開眼させたカリスマコーチの名語録。

チャールズ・エリスが選ぶ「投資の名言」
チャールズ・エリス
鹿毛雄二＝訳

ケインズからバフェットまで、投資判断に迷った時や「ここぞ」という時に勇気と知恵を与えてくれる、天才投資家たちの名言集。

nbb 好評既刊

資本主義は海洋アジアから　川勝平太

なぜイギリスと日本という二つの島国が経済大国になれたのか？　海洋史観に基づいて近代資本主義誕生の真実に迫る歴史読み物。

伊勢丹な人々　川島蓉子

ファッションビジネスの最前線を取材する著者が人気百貨店・伊勢丹の舞台裏を緻密に描く。伊勢丹・三越の経営統合後の行方も加筆。

ビームス戦略　川島蓉子

セレクトショップの老舗ビームス。創業30年を越えてなお顧客を引きつける秘密は？　ファン必読！　ファッションビジネスが見える！

働く意味　生きる意味　川村真二

心に雨が降る日には、本書を開いてほしい。誰もが知っている日本人の力強い言葉を通して、働くこと、生きることの意味を考える。

心に響く勇気の言葉100　川村真二

信念を貫いた人たちが遺した名言から生きるヒントを読み解く！〝よい言葉〟から意識が生まれ、行動が変わる。明日が変わる。

nbb 好評既刊

孫正義 インターネット財閥経営

滝田誠一郎

「異端の経営者」と呼ばれた男は、今や連結売上高3兆円に届く巨大グループを育て上げた。孫正義ソフトバンク社長の半生記。

売り上げがドカンとあがるキャッチコピーの作り方

竹内謙礼

売れるコピーはセンスではない！　ネット通販で1億円以上売る著者が、そのノウハウを教えます。売れるキャッチコピー語彙辞典付き。

落ちこぼれタケダを変える

武田國男

「落ちこぼれ」と言われた三男坊が運命のいたずらで社長就任。「独裁者」「バカ殿」と呼ばれながらも進めたタケダの改革。

経済論戦は甦る

竹森俊平

「失われた15年」をもたらした経済政策の失敗と混乱を完璧に解説した名著。昭和恐慌、世界恐慌からの歴史的教訓とは？

日本のお金持ち研究

橘木俊詔・森　剛志

医者や弁護士、経営者は儲かる職業か？　アンケートとデータから現代日本の富裕層像を明らかにし、彼らを生み出した社会に迫る。

nbb 好評既刊

「数」の日本史
伊達宗行

「ひい、ふう、みい」はいつ頃から「いち、に、さん」に変わったのか？　縄文から現代まで、日本の数文化を描く知的冒険の書。

新しい中世
田中明彦

混沌を深める世界はどこへ向かうのか。ヨーロッパ中世になぞらえた「新しい中世」の概念で、移行期の世界システムを鋭く分析。

**数字は見るな！
3つの図形でわかる
決算書超入門**
田中靖浩

数字との付き合い方や学び方をエッセイ風に楽しく紹介し、決算書の読み方を単純な3つの図形でわかりやすく教えます。

百貨店サバイバル
田中　陽

伊勢丹＋三越、阪神＋阪急、大丸＋松坂屋――大再編時代の百貨店業界の最前線をレポートした「日経ビジネス」集中連載を文庫化。

**セブン-イレブン
終わりなき革新**
田中　陽

愚直なまでの革新によってコンビニという業態を築き上げたセブン-イレブン。商品開発、金融、ネット展開など、強さの秘訣を徹底取材。

上方芸人 自分史秘録

古川綾子

おもろくて、ちょっぴり切ない、芸人たちの波瀾万丈の生涯と芸への想い……本人の著作や談話、秘蔵資料でたどる知られざる素顔。

日本型リーダーの研究

古野庸一
リクルートワークス研究所＝編

「判断力と先見性は天性。決断力と執行能力は努力次第」（信越化学・金川千尋）。名経営者の軌跡から、真のリーダーの条件に迫る。

かんたん美味1・2

ベターホーム協会＝編

日経PLUS1の人気連載が文庫に！　今日のごはんから酒の肴、デザートまで、旬の素材を使ったレシピ100点をオールカラーで紹介。

ゴルフレッスンの神様 ハーヴィー・ペニックのレッド・ブック

H・ペニック＆B・シュレイク
本條 強＝訳

全世界で話題の「伝説のレッスン書」が文庫化。ゴルフというゲームのやさしさ、楽しさ、そして奥深さを教えてくれるゴルフバイブル。

本田宗一郎 夢を力に

私の履歴書

本田宗一郎

本田宗一郎が自らの前半生を回顧した「私の履歴書」をもとに、人間的魅力に満ちたその生涯をたどる。「本田宗一郎語録」も収録。

nbb 好評既刊

親子コーチング 自ら学ぶ子の育て方

本間正人・國弘隆子

「勉強しなさい」は逆効果。ほんの数分の会話で、子どもの自発性を引き出し、いきいきとした毎日を送らせるコーチング術を紹介。

中部銀次郎 ゴルフ珠玉の言霊

本條 強

「スコアは出すものではない。まとめるものだ」「1mを制す者は世界を制す」——。中部銀次郎の箴言にゴルフの「奥深さ」を知る。

ビジネス・シンク

デイヴ・マーカム
スティーヴ・スミス
マハン・カルサー

世界的ベストセラー『7つの習慣』の著者が率いるフランクリン・コヴィー社のトレーニング・プログラムが文庫になって登場。

最強の投資家 バフェット

牧野 洋

究極の投資家にして全米最高の経営者バフェット。数々の買収劇、「米国株式会社」への君臨、華麗なる人脈を克明に描く。

松下幸之助 夢を育てる 私の履歴書

松下幸之助

弱冠22歳の創業以来、電器一筋に世界的メーカーを育て上げ、「水道哲学」の理念の下、社会への発言を続けた〝経営の神様〟の履歴書。